EOLAÍ PÓCA

FEITHIDÍ

Cuntas ar na speicis Eorpacha
is coitianta mar aon
le léaráidí daite

Pamela Forey agus Cecilia Fitzsimons
a d'ullmhaigh

Nicholas Williams
a rinne an leagan Gaeilge

An Gúm

Is iad seo na feithidí atá á léiriú ar an gclúdach tosaigh:
Bumbóg earrbhán, Bóín Dé sheachtbhallach,
Leamhan flanndearg, Dorsán.

Foilsíodh an t-eagrán seo faoi cheadúnas ag
Malcolm Saunders Publishing Ltd, Londain

© 1992 an t-eagrán Béarla Atlantis Publications Tta
© 1996 an t-eagrán Gaeilge seo Rialtas na hÉireann

ISBN 1-85791-169-5

Computertype Ltd a rinne an scannánchló in Éirinn
Arna chlóbhualadh sa Spáinn ag Graficas Reunidas

Le ceannach díreach ó:
Oifig Dhíolta Foilseachán Rialtais,
Sráid Theach Laighean,
Baile Átha Cliath, 2.

Nó tríd an bpost ó:
Rannóg na bhFoilseachán,
Oifig an tSoláthair,
4-5 Bóthar Fhearchair,
Baile Átha Cliath, 2.

An Gúm, 44 Sráid Uí Chonaill Uachtarach, Baile Átha Cliath, 1.

Clár

RÉAMHRÁ	8
CONAS AN LEABHAR SEO A ÚSÁID	8
TREOIR CHUN AITHEANTA	8
SAOLRÉ NA bhFEITHIDÍ	12
FÉILEACÁIN & LEAMHAIN	14
BEACHA, FOICHÍ & SEANGÁIN	34
CUILEANNA	47
CIARÓGA	66
FRÍDÍ	91
FRÍDÍ COMHEITEACHA	100
DREOILÍNÍ TEASPAIGH & CRIOGAIR	105
FEITHIDÍ EILE	109
INNÉACS	122

Réamhrá

Timpeall 20,000 speiceas feithidí atá le fáil sna hoileáin seo. Meastar go bhfuil os cionn milliún speiceas sa domhan ar fad. Gan amhras ar bith is iad na feithidí an grúpa ainmhithe is líonmhaire in Éirinn nó in áit ar bith eile ar domhan. Is mór mar a théann siad i bhfeidhm ar an timpeallacht; déanann siad bláthanna fiáine agus crainn fhiáine a phailniú, cuir i gcás, mar aon le torthaí agus barra saothraithe. Ní shíolródh a lán plandaí agus crann ar chor ar bith murach na feithidí. Tá feithidí eile ann a dtugaimid 'lotnaidí' orthu, toisc gur nós leo duilliúr, torthaí agus fréamhacha a lán plandaí agus crann, idir fhiáine agus shaothraithe, a ithe agus a mhilleadh. Is cionsiocair feithidí áirithe dá réir sin le mórchaillteanas airgid. Ar an taobh eile gníomhaíonn go leor feithidí chun lotnaidí eile a choinneáil faoi smacht, mar déanann siad seadánachas ar fheithidí díobhálacha. Tá feithidí eile ann arís a scaipeann galair, an tíofóideach, cuir i gcás, agus an mhaláire. I mbeagán focal ní féidir an domhan seo againne a shamhlú in éagmais na bhfeithidí. Is tábhachtach na feidhmeanna a bhaineann leo i ngach ceantar is i ngach gnáthóg, mar is cuid fhíor-riachtanach iad de chóras cothromaíochta an dúlra cibé áit a mbíonn siad le fáil.

Tá leabharlanna iomlána ar an saol nach bhfuil iontu ach leabhair agus irisí faoi fheithidí. Ní féidir le leabhar beag mar seo ach cur síos go hachomair easnamhach ar na feithidí agus leid éigin a thabhairt faoina éagsúla is a bhíonn siad ó thaobh crutha agus nósanna de. Cuirfidh sé ar chumas an léitheora ina dhiaidh sin féin a lán de na grúpaí móra feithidí a aithint agus chun roinnt mhaith feithidí a rangú laistigh dá bhfine féin. An té a mbeidh an leabhar seo aige, féadfaidh sé, mar sin, feithid a aithint mar chiaróg ar dtús, abraimis, agus ansin beidh a fhios aige go cinnte gur Duilldaol atá inti a bhaineann le fine na nDuilldaol.

Conas an leabhar seo a úsáid

Tá an leabhar seo roinnte againn ina rannóga de réir bhitheolaíocht na bhfeithidí féin den chuid is mó. Chuireamar mórán mionghrúpaí feithidí le chéile i ndeireadh an leabhair, áfach, e.g. Preabairí, Cuileanna Bealtaine, Lásóga, cé nach bhfuil gaol gairid acu lena chéile. Seo iad na rannóga atá againn thíos: **Féileacáin is Leamhain; Beacha, Foichí agus Seangáin; Cuileanna; Ciaróga; Frídí; Frídí Comheiteacha; Dreoilíní Teaspaigh agus Criogair; Feithidí Eile.**

Más amhlaidh atá tú cinnte go n-aithníonn tú feithid faoi leith mar chiaróg nó mar fhéileacán, cuir i gcás, is féidir leat dul gan mhoill chuig an rannóg faoi chiaróga nó faoi fhéileacáin. Gheobhaidh tú eolas ansin a chabhróidh leat an fheithid a aithint níos cruinne. Mura léir duit, áfach, cén mórghrúpa a mbaineann an fheithid leis, tig leat feidhm a bhaint as an *Treoir chun Aitheanta* ar an gcéad leathanach eile. Cuirfidh sé sin ar do chumas an rannóg chuí den leabhar a aimsiú.

Treoir chun aitheanta

Is iad na gnéithe seo a leanas a dhealaíonn na feithidí ó ainmhithe eile: easchnámharlach crua ar an taobh amuigh den cholainn; an cholainn a bheith roinnte ina trí cuid (ceann, cliabhrach, bolg); dhá adharcán ar an gceann; trí phéire cos agus dhá phéire sciathán ar an gcliabhrach.

Sa treoir seo is amhlaidh a úsáidtear éagsúlachtaí sna sciatháin chun cur ar do chumas na grúpaí difriúla feithidí a aithint agus a rá go beacht cén grúpa a mbaineann feithid ar bith leis. Tugtar uimhir leathanaigh ag deireadh an chuntais ar gach aicme, sa chaoi go mbeidh tú in ann dul láithreach bonn go dtí an chuid chuí den leabhar.

Feithidí gan sciatháin

Is iad na feithidí is céadrata (mar aon le roinnt eile) nach mbíonn sciatháin orthu tréimhse ar bith dá saol. Orthu sin áirítear na Preabairí agus na Gíliní, ar feithidí céadrata iad (*120*, *121*), na Dreancaidí agus na Míolta (*119*). Tá feithidí eile ann a mbíonn leaganacha sciathánacha agus leaganacha gan sciatháin orthu ann; orthu sin áirítear na Seangáin (*46*), nach mbíonn sciatháin ar a n-oibrithe sa nead; roinnt Gailseach (*116*) nach mbíonn sciatháin orthu, rud atá fíor i dtaobh roinnt Ciaróg agus Criogar freisin; ní bhíonn sciatháin ar bhaineannaigh na Blatóige Oirthearaí (*109*), ar na Péisteanna Solais (89) ná ar chorrleamhan baineann.

Feithidí nach ionann a sciatháin tosaigh agus a sciatháin deiridh

Tá grúpaí áirithe feithidí ann a mbíonn sciatháin tosaigh chrua láidre orthu ach gur scannánach a bhíonn na sciatháin deiridh. Is iad na sciatháin deiridh a mbítear ag eitilt leo. Nuair is ar an talamh nó ag ligean a scíthe a bhíonn an fheithid, clúdaíonn na sciatháin tosaigh na sciatháin deiridh agus cosnaíonn siad iad. Fada caol a bhíonn sciatháin tosaigh na nDreoilíní Teaspaigh (*105-08*) agus na mBlatóg; cé gur tiubh leathrach a bhíonn siad bíonn gréasán féitheacha le feiceáil orthu. Filltear na sciatháin deiridh ar nós gaothráin faoi na sciatháin tosaigh nuair is ag reastóireacht a bhíonn an fheithid. Gearr leathrach a bhíonn sciatháin tosaigh na nGailseach (*116*) agus filltear na sciatháin deiridh scannánacha fúthu. Sciatháin tosaigh leathracha thiubha a bhíonn ar na Maintisí (*117*) freisin. Maidir leis na Frídí (*91-99*) leathrach a bhíonn bun an sciatháin tosaigh agus bíonn sé daite go minic freisin. Scannánach a bhíonn barr an sciatháin, áfach. Tá Frídí Comheiteacha ann (*100*, *103-04*) ar tiubh gach cuid dá sciatháin tosaigh. Ní bhíonn féith ar bith i sciatháin tosaigh na gCiaróg (*66-90*) agus an-righin nó crua féin a bhíonn siad. Teagmhaíonn an dá sciathán tosaigh le chéile ina líne dhíreach feadh lár dhroim na gCiaróg.

Feithidí a mbíonn dhá phéire sciathán scannánach orthu

Tá roinnt mhaith grúpaí feithidí ann a mbíonn dhá phéire sciathán scannánach orthu. Ina measc sin áirítear na Frídí Comheiteacha (*100-102*), na Lásóga (*117*), na Snáthaidí Móra, na Béchuileanna, na Cuileanna Cloiche agus na Cuileanna Bealtaine (*112-115*), na Moirbleoin (*117*), na Cuileanna Fearnóige, na Cuileanna Nathrach agus na Cuileanna Scairpe (*118*). Dhá phéire sciathán scannánach a bhíonn ar na Cuileanna Cadáin freisin (*111*) ach is éagsúil iad sin leis na grúpaí eile sa mhéid gur ribeach a bhíonn na sciatháin agus d'fhéadfaí na feithidí a thógáil in amhlachas leamhan. Is minic a thaibhsítear do dhuine nach bhfuil ach péire amháin sciathán ar na Beacha, ar na Foichí agus ar na Seangáin (34), cé gur dhá phéire a bhíonn orthu. Is é is cúis leis an mearbhall sin go mbíonn ciumhais tosaigh an sciatháin deiridh bhig ceangailte de chiumhais deiridh an sciatháin tosaigh.

Feithidí a mbíonn dhá phéire sciathán gainneach orthu

Aithnítear na Féileacáin agus na Leamhain (*14-33*) thar gach aon ghrúpa eile feithidí i ngeall ar a sciatháin mhóra ghainneacha (agus iad ildaite go minic). Tá dealramh éigin ag na Cuileanna Cadáin (*111*) leis na Leamhain ach gur ribeach seachas gainneach a bhíonn a gcuid sciathán.

Feithidí nach mbíonn orthu ach péire amháin sciathán

I gcás na gCuileanna (*47-65*) is iad na sciatháin tosaigh amháin a fheidhmíonn mar sciatháin. D'fhabhraigh na sciatháin deiridh ar bhealach faoi leith go ndearna siad cnapáin bheaga a chabhraíonn leis an bhfeithid í féin a chothromú. Bíonn na horgáin seo le feiceáil go han-soiléir laistiar de na sciatháin tosaigh. Is féidir Beacha, Seangáin agus Foichí (*34-6*) a thógáil in amhlachas Cuileog mar is minic a thaibhsítear don fhéachadóir nach bhfuil ach péire amháin sciathán orthu. Má dhéantar iad a iniúchadh go grinn, áfach, feicfear gur dhá phéire sciathán a bhíonn orthu ach iad snaidhmthe le chéile; ní nach ionadh, níl na horgáin chothromaíochta ar na Beacha, ar na Seangáin ná ar na Foichí ach a oiread.

Feithid a aithint go dearfa

Nuair a aithneoidh tú cén grúpa a mbaineann feithid faoi leith leis, is féidir leat dul chuig an rannóg chuí sa leabhar. Gheofar i dtús na seacht rannóg tosaigh leathanach a thabharfaidh mioneolas faoi shaintréithe an ghrúpa áirithe mar aon le pictiúr de cheithre speiceas thipiciúla.

Gheofar ina dhiaidh sin leathanach faoi gach mórfhine laistigh den ghrúpa agus leathanaigh eile a gcuirfear síos ar bhreis is mionfhine amháin orthu. Feicfear ar na leathanaigh sin a thugann cuntas ar mhórfhine, ainm na mórfhine faoi leith ag barr an leathanaigh móide dhá bhlúire eile eolais: líon na speiceas a áirítear san fhine agus an mhéid atá san fheithid (réise a sciathán a thugtar in áit fad a gcolainne i gcás na bhféileacán is na leamhan). Is treoir thapa freisin faoin toirt atá san fheithid na comharthaí méide.

Fíor 1 Míniúchán ar na comharthaí méide

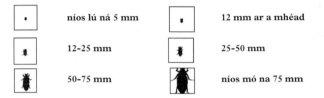

níos lú ná 5 mm	12 mm ar a mhéad
12-25 mm	25-50 mm
50-75 mm	níos mó na 75 mm

Gheofar ceithre bhosca freisin a chuirfidh ar chumas duine feithid faoi leith a aithint go cinnte. Ar feadh théacs na mboscaí seo is d'ainmneacha na bhfeithidí a léirítear sa phictiúr ag barr an leathanaigh a thagraíonn na huimhreacha. Is éard a bhíonn sa chéad bhosca cur síos ar na tréithe nó ar na grúpaí tréithe a bhaineann go sainiúil leis an bhfine atá i gceist.

Sonraí faoi bhitheolaíocht na bhfeithidí fásta a bhíonn le fáil sa dara bosca, e.g. cén áit is dóichí a bhfaighfear iad agus a n-itheann siad. Feicfear comhartha rabhaidh mar chuid den léiriú freisin, más amhlaidh a chailgeann siad, má phriocann siad nó más cionsiocair le hathlasadh craicinn iad.

Fíor 2 Rabhadh

**Tá cailg sna feithidí seo nó is féidir leo
priocadh nó craiceann daonna a ghreannú.**

Cuntas ar na larbhaí a gheofar sa tríú bosca, cé acu lotnaid iad nó nach ea, cén áit is dóichí a bhfaighfear iad agus a n-itheann siad. Faightear léiriú uimhrithe de na larbhaí ar a lán leathanach.

Is éard a bhíonn sa cheathrú bosca tuairisc ar bhaill choitianta de chuid na fine agus tugtar mionsonraí faoi na speicis a léirítear. Is ionann ainm faoi chló trom agus feithid a bhfuil pictiúr di le fáil sa leabhar. Más faoi ghnáthchló atá ainm, ní léirítear an speiceas sa leabhar ar chor ar bith. Chomh fada agus is féidir is iad na hainmneacha dúchasacha a úsáidtear. Nuair nach bhfuil ainm dúchasach ar an speiceas, is amhlaidh a bhaintear feidhm as an ainm Laidine ina áit.

Sa léaráid ag barr an leathanaigh léirítear ball coitianta amháin nó roinnt ball coitianta den fhine atá i gceist. Tugtar léarscáil dáileacháin freisin a thaispeánfaidh ar an toirt eolas faoi dháileachán na fine sna hoileáin seo agus ar Mhór-Roinn na hEorpa freisin.

Fíor 3 Léarscáil dáileacháin

● Bíonn baill den fhine faoi leith fairsing/coitianta sa cheantar áirithe seo.

○ Faightear roinnt speiceas den fhine seo sa cheantar áirithe seo

Finte Coitianta Eile

Gheofar ina lán áiteanna sa leabhar seo cur síos ar mhionfhinte feithidí nó ar fhinte nach bhfuil róchoitianta. Ceithre fhine éagsúla a fhaightear ar an aon leathanach amháin uaireanta. Tugtar cuntas gearr ar gach fine mar aon le roinnt mionsonraí i dtaobh bhitheolaíocht na speiceas atá i gceist.

Fíor 4 Leathanach Samplach

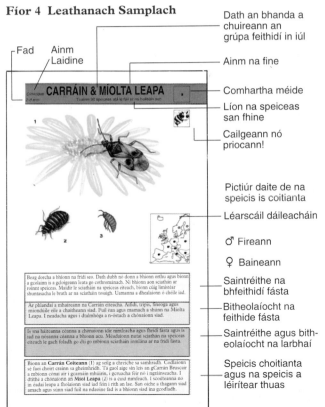

Dath an bhanda a chuireann an grúpa feithidí in iúl

Ainm na fine

Comhartha méide

Líon na speiceas san fhine

Cailgeann nó priocann!

Pictiúr daite de na speicis is coitianta

Léarscáil dáileacháin

♂ Fireann

♀ Baineann

Saintréithe na bhfeithidí fásta

Bitheolaíocht na feithide fásta

Saintréithe agus bith-eolaíocht na larbhaí

Speicis choitianta agus na speicis a léirítear thuas

Fad

Ainm Laidine

11

Saolré na bhfeithidí

Tríd is tríd tá dhá chineál éagsúla saolré le tabhairt faoi deara i measc na bhfeithidí. Na feithidí céadrata, Dreoilíní Teaspaigh, Frídí, Cuileanna Bealtaine, Snáthaidí Móra, cuir i gcás, beireann siad uibheacha a dtagann nimfeacha amach astu. Is leagan beag den fheithid fhásta an nimfeach ach nach mbíonn sciathán ar bith uirthi. Is minic gur mar a chéile nósanna agus gnáthóg na nimfí agus na feithide aibí. Cuireann an nimfeach a craiceann di níos mó ná uair amháin agus is de réir mar a dhéanann sí é sin a fhabhraíonn a cuid sciathán. Tar éis an fholta dheiridh is amhlaidh a bhíonn an fheithid lánfhásta agus bíonn a cuid sciathán iomlán.

Ar an taobh eile tá na feithidí forbartha le fáil, e.g. Beacha, Foichí, Cuileanna, Féileacáin, Leamhain is Ciaróga. Saolré a bhíonn acu a mbíonn dhá thréimhse faoi leith inti. Ní mar a chéile ar chor ar bith ó thaobh cuma agus nósanna de an larbha a thagann amach as an ubh agus an fheithid aibí. Nuair a fhágann siad an ubh fásann na larbhaí de réir mar a chuireann siad a gcraiceann díobh ach ní bhíonn nuataí sciathán orthu. Is éard a tharlaíonn dóibh le linn an dara foladh roimh an gceann deiridh go ndéantar pupa nó crisilid díobh. Is ríshuntasach an claochlú a thagann orthu le linn thréimhse seo an phupa mar athraíonn an pupa ar fad go ndéanann sé feithid fhásta. Le linn an fholta dheiridh briseann an fheithid aibí amach as an gcrisilid agus tugann sí aghaidh ar an saol. Cúplálann na feithidí fásta, beireann an ceann baineann a cuid uibheacha agus tosaíonn an timthriall arís (féach Fíor 5).

Fíor 5 Saolré Féileacáin

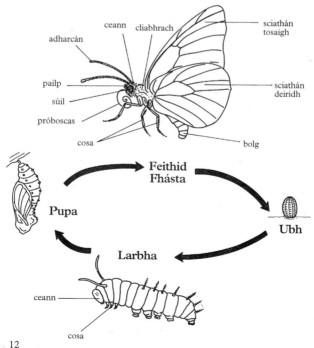

12

Gluais

Drúcht Meala Leacht siúcrúil a chuireann roinnt feithidí astu.

Foladh Craiceann crua (easchnámharlach) a bhíonn ar na feithidí. Murab ionann agus a lán ainmhithe eile, mar sin, ní féidir leo fás go leanúnach. Ina ionad sin is amhlaidh a chuireann siad a gcraiceann díobh ó am go ham le linn a saoil agus fásann siad as cuimse sula gcruann an craiceann nua, i.e. fad is a bhíonn an craiceann nua fós bog. Foladh a thugtar ar an bpróiseas seo.

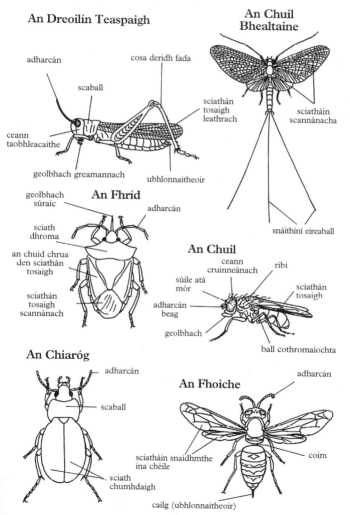

An Dreoilín Teaspaigh

adharcán
cosa deridh fada
scaball
ceann taobhleacaithe
geolbhach greamannach
ubhlonnaitheoir

An Chuil Bhealtaine

sciathán tosaigh leathrach
sciatháin scannánacha
snáithíní eireaball

An Fhríd

geolbhach súraic
adharcán
sciath dhroma
an chuid chrua den sciathán tosaigh
sciathán tosaigh scannánach

An Chuil

ceann cruinneánach
ribí
súile atá mór
sciathán tosaigh
adharcán beag
geolbhach
ball cothromaíochta

An Chiaróg

adharcán
scaball
sciath chumhdaigh

An Fhoiche

adharcán
sciatháin snaidhmthe ina chéile
coim
cailg (ubhlonnaitheoir)

13

Dhá phéire de sciathán mhóra ghainneacha a bhíonn ar na feithidí seo. Is minic a bhíonn gréasáin chasta ildaite ar na sciathán. Is furasta na gainní a bhaint de na sciathán. Cnapán a bhíonn ar bharr adharcáin na bhféileacán; adharcáin gan chnapán a bhíonn ar na leamhain agus bíonn siad cleiteach uaireanta. Bíonn próboscas fada ar a lán de na feithidí seo agus é corntha faoin gcloigeann.

San oíche a bhíonn formhór na leamhan gníomhach, ach is sa lá a bhíonn na féileacáin ar eite. Neachtar a chaitheann mórán de na feithidí seo agus baineann siad as na bláthanna doimhne lena bpróboscas fada é. Súlach crann agus torthaí lofa a chaitheann cuid eile díobh.

Boilb is ea larbhaí na bhféileacán is na leamhan. Trí phéire cos a bhíonn fúthu sin ar a gcliabhrach agus cúig phéire de chosa bréige inghreama ar a mbolg de ghnáth. Itheann na boilb fréamhacha, duilleoga nó gais phlandaí. Déanann cuid díobh damáiste suntasach do bharra, etc. I gcocún síoda a phupaíonn a lán leamhan.

Ingearach a bhíonn sciathán an fhéileacáin ag reastóireacht dó. Dathanna glé a bhíonn ar sciathán a lán féileacán. Leathann Léimneoirí a sciathán go cothrománach nó ardaíonn siad na sciatháin tosaigh agus coinníonn siad na sciatháin chúil ina luí cothrom. Cothrom a choinníonn na leamhain a gcuid sciathán nó cuireann siad cuma dín orthu. Dathanna leamha a bhíonn ar a lán de na leamhain. **Gríosfhionnach Geal** (1); **Stiallach Uaine** (2); **Donnán** (3); agus **Libhré Coiteann** (4).

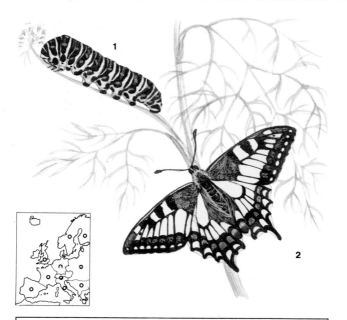

Féileacáin mhóra ghlé iad seo agus iad ballach nó riabhach. Beagán cuasach a bhíonn ciumhais inmheánach na sciathán deiridh agus féith anasach amháin orthu. Bíonn na trí phéire cos lánfhorbartha.

Ar thalamh garbh i gcnoic agus i sléibhte Mhór-Roinn na hEorpa a bhíonn formhór na bhféileacáin seo le fáil. Eitilt láidir faoileoireachta a dhéanann na Gabhlóga. Ag foluain agus ag cleitearnach a bhíonn na Parnásaigh is na Feistiúin.

Mín a bhíonn na boilb (**1**) de ghnáth agus dath uaine orthu go hiondúil; bíonn feadáiníní orthu go minic. Nuair a scanraíonn siad is féidir leo dhá adharc bhréana a shá amach laistiar den cheann. Plandaí éagsúla luibheacha a chaitheann siad.

Is é an **Miach** (**2**) an t-aon bhall den fhine seo a dtagtar air sa Bhreatain, i.e. ar na Norfolk Broads. Tá roinnt Gabhlóg atá cosúil leis le fáil ar Mhór-Roinn na hEorpa. Ar an Mór-Roinn freisin is ea a thagtar ar na Parnásaigh, féileacáin bhána a mbíonn spotaí dubha is dearga orthu, agus ar na Feistiúin a mbíonn gréasáin tornála ar a sciatháin.

15

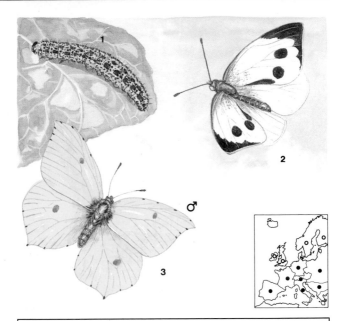

Féileacáin bheaga nó leathmhóra iad seo. Dath bán nó buí a bhíonn orthu agus comharthaí dubha ar a lán díobh. Dronnach a bhíonn ciumhais inmheánach na sciathán deiridh agus dhá fhéith anasacha a bhíonn orthu. Is géaga lánfhorbartha na sé chos uile.

Mall foluaineach a bhíonn eitilt fhormhór na mBánóg; is cumhachtaí tapúla eitilt na mBuíóg. Déanann mórán de na féileacáin seo imirce trí thuath oscailte agus trí ghairdíní. Sna sléibhte agus ar learga garbha cnoc a chónaíonn cuid díobh.

Cuma sorcóra a bhíonn ar na boilb (1). Mín a bhíonn a gcraiceann agus dath uaine orthu go minic. Bíonn stríoca feadh a gcolainne ar a lán díobh. Praiseacha éagsúla a chaitheann larbhaí na mBánóg (péisteanna cáil) go minic; piseánaigh a chaitheann larbhaí roinnt mhaith Buíóg. Is lotnaidí cuid de na boilb seo. Ní dhéanann siad foscadh dóibh féin.

Is lotnaid chábaiste an **Bhánóg Mhór** (2)a bhfuil eolas ag cách uirthi. Bán a bhíonn an Barr Buí ach flannbhuí a bhíonn imeall na sciathán. Ar fud na hEorpa a fhaightear an **Bhuíóg Ruibheach** (3), an Bhreatain agus Éire san áireamh. San earrach agus sa samhradh a bhíonn sí le feiceáil. Formhór na mBuíóg, leithéidí na mBuíóg Cróch, cuir i gcás, ní thagtar orthu ach ar Mhór-Roinn na hEorpa, cé go dtagann corrcheann fad le deisceart Shasana.

16

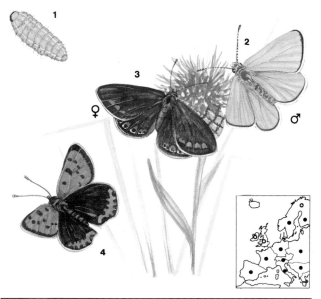

Féileacáin bheaga iad na féileacáin ghorma, dhonna nó rua seo. Ní hionann ar chor ar bith na fireannaigh agus na baineannaigh go minic, cé gur mar a chéile na gréasáin bhreaca a bhíonn ar íochtar na sciathán. Bíonn na sé chos uile infheidhme ach bíonn crúb in easnamh ar ghéaga tosaigh na bhfireannach.

I móinéir fhéarmhara a thagtar ar Ghormáin is ar Chopróga go minic nó ar learga féarmhara cnoc agus sléibhte. Eitlíonn na feithidí fásta go tapa agus tugann siad cuairt ar bhláthanna chun an neachtar a ól. Timpeall crann agus tor a bhíonn na Stiallaigh go hiondúil.

Leata a bhíonn an bolb (1) agus é clúdaithe le clúmh mín. Cruth drúchtín a bhíonn air, i.e. é barrchaol. Cuireann mórán de na boilb drúcht meala astu agus bíonn na seangáin dá bharr sin iad. Piseánaigh a chaitheann larbhaí na nGormán; copóg agus samhadh a chaitheann boilb na gCopróg. Ar chrainn agus ar thoir a chothaíonn an Bolb Stiallach é féin.

Dath gorm glé miotalach a bhíonn ar an nGormán fireann, e.g. an **Gormán Coiteann** (2), atá léirithe thuas; dath donn a bhíonn ar an nGormán baineann (3) agus beagán goirm tríd. Dath ciarbhuí a bhíonn ar na Copróga, e.g. an **Chopróg Bheag** (4). Dath donn nó uaine a bhíonn ar na **Stiallaigh** go hiondúil, agus comharthaí gorma nó flannbhuí orthu.

17

Féileacáin mhóra nó leathmhóra iad seo a mbíonn clúmh dlúth ar a gcolainn. Bíonn gréasáin chasta ghlé ar a sciatháin. Ní bhíonn i ngéaga tosaigh na bhfireannach agus na mbaineannach araon ach nutaí ar nós scuaibe. Is clúmhaí géag thosaigh an fhireannaigh ná géag thosaigh an bhaineannaigh. Baineann siad feidhm as a ngéaga eile chun siúil. Bíonn cnapáin na n-adharcán feiceálach.

Is iomaí cineál gnáthóige a bhfaightear na hUaisle iontu. I ngairdíní a thagtar ar riar díobh. I gcoillte a bhíonn na Fritileáin le fáil. Bíonn eitilt chumhachtach fúthu cé go bhfanann mórán díobh ina limistéir is ina gcoilíneachtaí féin. Tugann cinn eile aistir fhada imirce orthu féin.

Boilb (1) mhóra nó leathmhóra iad na larbhaí. Is minic a bhíonn sraitheanna spící ar a gcolainn nó adharca ar a gcloigeann. I neadacha coiteanna a chónaíonn a lán díobh. Folaíonn cinn eile iad féin i nduilleoga fillte. San oíche a chaitheann riar díobh a gcuid, sa lá a bhíonn roinnt eile á gcothú féin. Is iomaí cineál tor, crann agus luibheanna a itheann siad.

Seo í an fhine féileacán is mó dá bhfuil ann agus is iomaí féileacán aithnidiúil a áirítear uirthi. 'Uaisle' a thugtar go minic ar na cineálacha seo le chéile: Péacóga, Aimiréil, Impirí Corcra, **Ruáin**, **Camóga** agus Áilleáin. Tá an **Péacóg** agus an t**Aimiréal Dearg** ar na cinn is ornáidí. Faightear an tAimiréal Dearg sa Bhreatain, in Éirinn agus ar fud na hEorpa, cé is moite den fhíorthuaisceart.

Áiritear an **Chamóg** (1) i measc bhaill na fine seo. Sciatháin uilleacha agus ciumhaiseanna gioblacha orthu a bhíonn uirthi; bíonn eireaball ar a sciatháin deiridh. Ball eile is ea an Araiscne, a mbíonn gréasán ar nós léarscáile ar a sciatháin. Is ornáideach na féileacáin na Ruáin, iad donn agus rua agus spotaí is stríoca dorcha orthu. Tá an **Ruán Beag** (2) le fáil ar fud na hEorpa, an Bhreatain agus Éire san áireamh. I ndeisceart na hEorpa agus i ndeisceart na Breataine is mó a thagtar ar an Ruán Mór. Is éadroime dathanna an Áilleáin agus is speiccas aistreánach é a thagann isteach san Eoraip gach bliain ón Afraic. Sroicheann sé an Bhreatain agus Críoch Lochlann.

Grúpa mór féileacán is ea na Fritileáin. Ciarbhuí an dath a bhíonn ar a bhformhór mar aon le spotaí is gréasáin chasta dhubha ar uachtar na sciathán. Is minic a bhíonn spotaí agus comharthaí ar dhath an airgid ar a n-íochtar. I gcoillte a thagtar ar a lán díobh, e.g. an **Fritileán Geal** (3), agus an **Fritileán Beag Péarlach** (4), áit a n-itheann a gcuid larbhaí sailchuacha. Is minic a bhíonn na feithidí fásta lc feiceáil ag tóraíocht neachtair in aice le driseacha. Sna sléibhte a bhíonn speicis eile le fáil nó ar fhraoch agus i móinéir bhláthbhreaca.

19

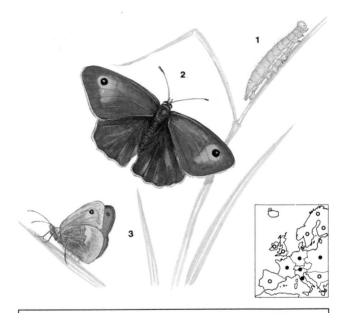

Tríd is tríd is féileacáin leathmhóra iad seo agus dath donn nó donnbhuí ar na sciatháin acu. Is minic spota nó 'súil' ar na sciatháin. Ar chúlra is éadroime ná fuílleach an sciatháin a bhíonn an spota uaireanta. Ní bhíonn i ngéaga tosaigh an fhireannaigh agus an bhaineannaigh araon ach scuab ribeach. Leis na cosa eile a shiúlann na féileacáin seo.

Tá na féileacáin seo le fáil áit ar bith a mbíonn féara i móinéir agus i riasca go hiondúil, ar fhraoch, ar learga sléibhe agus sa tundra Artach. Faightear i gcoillte freisin iad. Is spadánta mar a eitlíonn siad achar beag os cionn an fhásra.

Uaine nó donn den chuid is mó a bhíonn na boilb (1). Bíonn a gcraiceann mín agus bíonn stríoca ar feadh a gcolainne. Bíonn 'eireaball' gabhlánach orthu. San oíche a thagann siad amach chun féar a ithe.

Fine mhór í seo agus is i ndeisceart na hEorpa agus sna sléibhte is mó a fhaightear iad. Ar na féileacáin seo áirítear na Donnóga, an **Donnóg Fhéir** (2), na Satairí, na Glasáin, na Fáinneoga agus na Fraocháin ar nós an **Fhraocháin Bhig** (3). Bíonn a sciatháin donn agus na spotaí is dual don fhine seo orthu sin uile. Is eisceacht an **Gríosfhionnach Geal** sa mhéid gur preabáin mhóra gheala a bhíonn ar a sciatháin.

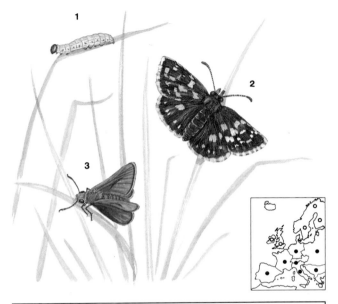

Féileacáin bheaga iad seo, agus dath dubh, donn nó ciarbhuí orthu. Bíonn comharthaí bána ar a lán acu. Colainn mhór ribeach ag mórán díobh agus sciatháin scoth-ghearra. Bhíonn na sciatháin tosaigh ardaithe acu agus na sciatháin chúil ina luí cothrom agus iad díomhaoin. Cuid eile is cothrom a bhíonn na sciatháin uile agus iad díomhaoin. Cuma snáithe a bhíonn ar a n-adharcáin agus crúcaí ar a mbarr.

Formhór na bhfeithidí fásta is faoi sholas na gréine a thagann siad amach. Eitilt phreabach dhíreach a bhíonn fúthu. I móinéir, ar fhéarach garbh agus ar learga féarmhara sléibhe a bhíonn a lán díobh agus iad i bhfolach san fhásra. Scinneann na fireannaigh amach chun breith ar chuileanna.

Dath uaine a bhíonn ar na boilb (1) agus iad clúdaithe lena lán ribí beaga. Bíonn na larbhaí barrchaol bunchaol agus bíonn iarracht de chaoile le brath san áit a mbíonn a muineál. Cloigeann feiceálach a bhíonn orthu. Folaíonn siad iad féin i nduilleoga fillte nó corntha a ghreamaíonn siad le chéile le síoda. Tagann na boilb amach astu seo chun féar agus plandaí eile a chaitheamh.

Agus an Léimneoir Breacbhallach, an Léimneoir Liath agus an donnán díomhaoin, bíonn a sciatháin ina luí cothrom. Ardaithe a bhíonn sciatháin tosaigh an Léimneora Bhig agus é díomhaoin. Dath breacliath agus spotaí bána a bhíonn ar na **Léimneoirí Liatha** (2). Is doinne de **Donnáin** ach bíonn comharthaí bána orthu freisin. Is lú de mharcáil a bhíonn ar na **Léimneoirí Beaga** (3) ach is gléiní an dath ciarbhuí orthu. Bíonn meascán de na tréithe sin ar bhaill eile na fine. Is é an Donnán an t-aon Léimneoir amháin a bhíonn in Éirinn.

21

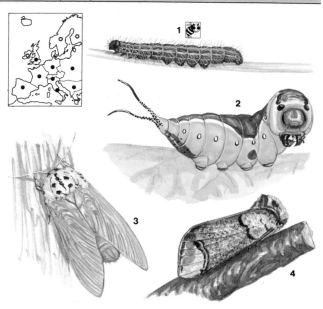

Leamhain ramhra iad seo a mbíonn a gcolainn ribeach. Bíonn stoth ribí ar chiumhais chúil na sciathán tosaigh ar na Starraicíní; tagann na stothanna le chéile nuair a ligeann an fheithid a scíth, rud a chuireann cosúlacht cruite orthu. Adharcáin chleiteacha a bhíonn ar a lán de na fireannaigh. Adharcáin ar nós snáithe a bhíonn ar mhórán de na baineannaigh.

San oíche a bhíonn siad ar eite. Is leamh dathanna a bhformhóir agus baineann na leamhain feidhm as duaithníocht chun iad féin a cheilt sa lá. I gcoillte a fhaightear go minic iad.

Duilleoga crann agus tor is mó a chaitheann na boilb (1). Ní hionann an cruth a bhíonn orthu ar fad agus is nós le mórán díobh a gcloigeann a ardú go bagrach nuair a thagann creachadóir in aice leo. Is aisteach an chuma a bhíonn ar chuid díobh, e.g. bolb an Leamhain Phuisínigh (2).

In aice le crainn sailí agus poibleoige a fhaightear a lán **Leamhan Puisíneach** (3) agus iad faoi dhuaithníocht in aghaidh na coirte sa lá. Baineann boilb na **Rinnbhuíonna** (4) na duilleoga de chrainn sailí nó darach nó de chrainn úlloird. In aon líne amháin a ghluaiseann boilb an Scuainleamhain Phéine. Snáthaidí crann péine a chaitheann siad agus is minic a dhéanann siad a lán damáiste.

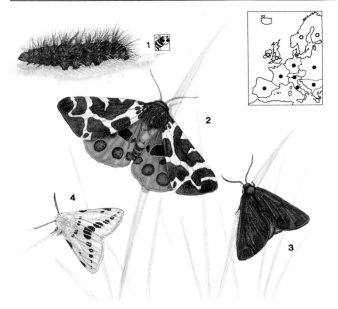

Leamhain bheaga nó leathmhóra iad seo. Bíonn a gcolainn ramhar ribeach. Bíonn na sciatháin leathan, iad bán nó bánbhuí agus spotaí dubha orthu (na hEirmíní) nó buí nó dearg agus spotaí dubha nó gréasáin dhubha orthu (na Leamhain Thíogracha). Agus na leamhain seo díomhaoin, coinníonn siad na sciatháin in airde ar nós dín. Cuma snáithe ar adharcáin na mbaineannach. Cleiteach a bhíonn adharcáin na bhfireannach.

Sa lá nó san oíche a bhíonn na feithidí fásta ar eite. Bíonn a lán díobh nimhiúil agus feidhmíonn na dathanna glé mar rabhadh do lucht a n-ionsaithe. Is iomaí cineál nach gcaitheann bia ar chor ar bith. Neachtar a chaitheann cuid eile díobh.

Is minic dathanna glé ar na boilb agus iad an-chlúmhach. Bíonn stothanna clúimh nó ribí aonair ar a gcuid faithní. 'Dónaillín an chlúimh' nó 'Siobháinín an chlúimh' nó 'Diairmín clúmhach' a thugtar ar a lán díobh. Is iomaí sórt planda a chaitheann siad, féara, caisearbháin agus fraoch san áireamh. Is lotnaidí ar chrainn úll, ar chrainn piorraí agus ar chrainn péitseog mórán díobh.

I ngnáthóga éagsúla ar fud na hEorpa, na Breataine agus na hÉireann a bhíonn na **Leamhain Thíogracha Gharraí** (2). Bíonn na h**Eirmíní Buí** (3) agus Bána fairsing coiteann. Ar bhuachalán a fhaightear an **Leamhan Flanndearg** (4) agus is ann a chaitheann na larbhaí (Péisteanna Capaill) a gcuid le linn an tsamhraidh. Is leimhe dath na **Libhréithe** agus is caoile iad.

23

NOCHTUAÍ
Noctuidae
Os cionn 400 speiceas atá le fáil ar na hoileáin seo
réise sciathán 15-100 mm

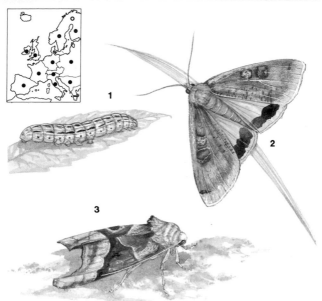

Leamhain bheaga nó leathmhóra iad seo. An cholainn ramhar amscaí agus í ribeach de ghnáth. Dath leamh liath, donn nó buí is mó a bhíonn ar na sciatháin agus gréasáin chasta orthu. Bíonn dathanna glé ar sciatháin chúil roinnt speiceas. Ag reastóireacht do na leamhain seo, cuma chothrom nó triantánach a bhíonn ar na sciatháin nó cosúlacht dín. Cuma snáithe a bhíonn ar na hadharcáin.

San oíche a bhíonn siad ar eite. Bíonn mórán díobh faoi dhuaithníocht agus is deacair iad a thabhairt faoi deara ar an gcúlra a ligeann siad a scíth air i rith an lae. Téann a lán acu i dtreo soilse san oíche. Sú torthaí nó súlach crann a chaitheann a lán díobh.

Bíonn dathanna leamha ar na larbhaí (1) agus bíonn siad gan ribí. Bíonn stríoca nó spotaí orthu go hiondúil. Is iomaí sin crann is luibheanna a gcaitheann siad a nduilliúr. Tollann cuid díobh gais agus duilleoga, ach téann cuid eile (Toranaigh) i bhfolach i gcréafóg nó in ábhar feoite ar an talamh sa lá agus ionsaíonn siad plandaí istoíche.

Fine an-mhór leamhan í seo. Sciatháin chúil ghlé a bhíonn ar roinnt díobh, e.g. an **Fho-eite Bhuí** (2) agus an **Fho-eite Dhearg**. Taispeánann siad na dathanna sin nuair a éiríonn siad chun eitilte, rud a chuireann mearbhall ar chreachadóiri. Is suntasach an leamhan an Scáth Uilleach (3) a fhaightear ina lán gnáthóg éagsúil. Nuair a bhíonn sé ag ligean a scíthe, ní bhíonn oidhre ar bith air ach duilleog fheoite.

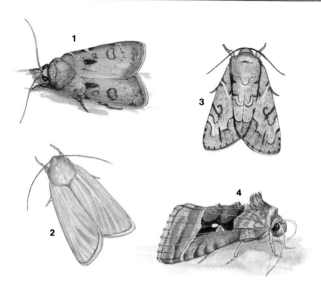

Is iomaí leamhan san fhine seo agus is éagsúil na hainmneacha atá orthu, e.g. Dairteanna, Miodóga, Buíocáin, Vuinsciúnna, Odhróga, Áilleagáin, Broicéid, Socáin agus Stuanna. I gcás a lán speiceas is toranaigh na boilb agus caitheann siad fréamhacha agus gais mórán plandaí éagsúla. Is mór an díobháil a dhéanann cuid díobh ar thalamh saothraithe agus i ngairdíní, e.g. an **Croí-is-dairt** (1). Is leamhain phléineáilte scothdhonna na Vuinsciúnna; luachair, cíb agus féara a chaitheann na larbhaí. Bíonn an **Vuinsciú Coiteann** (2) coitianta ar fhéarach fliuch. Crainn agus toir a itheann larbhaí speiceas eile, e.g. an

Mhiodóg Liath (3). I gcoillte, i bhfálta, i bpáirceanna agus i ngairdíní a bhíonn sé ar eite. Ar chrainn úll, ar chrainn plumaí agus ar sceacha geala a bhíonn na boilb. Comhartha ar chruth na litreach Y a bhíonn ar sciatháin na nUathghraf agus bíonn tortóg ribí ar a ndroim. I ngairdíní agus ar thalamh díomhaoin a chónaíonn an t**Uathghraf Pléineáilte** (4); neantóga agus fiailí eile a chaitheann a bholb. Leamhain bhreacuaine atá sna Piseáin Ghlasa is sna Línte Airgid a mbíonn línte ar dhath an airgid ar a sciatháin. Ciarbhuí a bhíonn na Castáin, órbhuí na Buíocáin agus an-ornáideach a bhíonn gréasáin na mBroicéad, na Stuanna, na nGotach agus na nOdhróg.

25

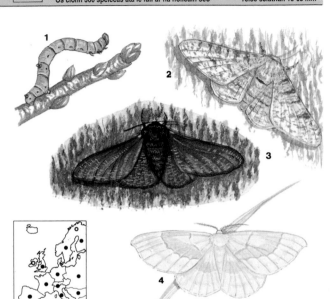

Leamhain bheaga nó leathmhóra iad seo. An choláinn acu tanaí agus sciatháin leathana leochaileacha orthu. Leathann na leamhain seo a sciatháin amach go cothrom agus iad díomhaoin. Bíonn an sciathán tosaigh agus an sciathán cúil an-chosúil le chéile. Is minic an t-aon ghréasán amháin dathanna ar an dá cheann. Cleiteach a bhíonn adharcáin na bhfireannach. Cuma snáithe a bhíonn ar adharcáin na mbaineannach.

Istoíche a bhíonn a lán díobh ar eite. Dath liath nó donn a bhíonn orthu agus gréasáin dhiamhra ar na sciatháin a fheidhmíonn mar dhuaithníocht i rith an lae nuair is brúite in aghaidh coirte crainn a bhíonn an leamhan nó ar chloch faoi bhrat léicin.

Cuma cipín a bhíonn ar na boilb (1). 'Lúbairí' a thugtar orthu i ngeall ar an gcaoi a ngluaiseann siad. Síneann siad amach a gcolann agus ansin tarraingíonn siad a gcúl aníos chun lúb a dhéanamh. Ní bhíonn ach dhá phéire cos bréige fúthu. Is iomaí cineál planda a chaitheann siad agus crochann cuid acu as crainn ar shnáitheanna síoda.

Fine mhór í seo agus is iomaí speiceas inti. Tá dhá leagan den **Bhrocóg** ann; an leagan breac tuaithe (2) a bhíonn faoi dhuaithníocht ar choirt nó ar chloch atá clúdaithe le léicean, agus an leagan dubh cathrach (3), a bhíonn faoi dhuaithníocht in éadan crann salach. Bíonn a lán Smaragaidí le fáil ar Mhór-roinn na hEorpa. Is i gcoillte, i bhfálta agus i riasca a bhíonn an **Smaragaid Mhór** (4).

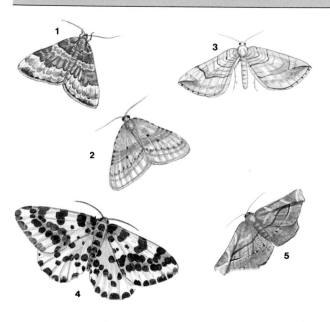

Is leamhain bhcaga na Smutaigh, na Tonnaigh & na Cairpéid a mbíonn gréasáin ar a sciatháin a fheidhmíonn mar dhuaithníocht dóibh. I bhfálta agus i gcoillte a bhíonn na **Cairpéid Choiteanna** (1), áit a gcaitheann siad Luibh na bhFear Gonta, etc. Is mó na hÁilleagáin agus bíonn gréasáin ornáideacha ar a sciatháin freisin. Donn agus liath dathanna na ngréasán sin; déanann siad aithris ar choirt a lán crann agus tor. Caitheann na boilb an duilliúr. Is lotnaid ar chrainn úll an **Leamhan Geimhridh** (2) mar is iad na bachlóga agus na bláthanna óga a chaitheann na larbhai; is ar éigean a bhíonn sciatháin ar bith ar na baineannaigh.

Lotnaid eile i ngarraithe is ea an **Spionáiste** (3) mar is cuiríní dubha agus dearga a itheann an larbha. Is gairéadaí go mór roinnt speiceas eile den fhine seo. Ballach a bhíonn na **Breacóga** (na **Dealáin Dé**) (4) agus na boilb agus spotaí dubha ar chúlra bán orthu. I bhfálta, ar thalamh díomhaoin agus i ngairdíní a fhaightear iad agus sceacha geala is cuiríní a chaitheann na boilb. Sciatháin a mbíonn cuma deilge orthu a bhíonn ar na Dealga agus iad ag ligean a scíthe. Is ceann díobh an **tSiringeach** (5). Siringe, féithleann agus pribhéad a chaitheann an bolb.

27

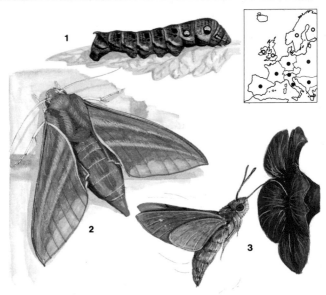

Is leamhain mhóra nó leathmhóra iad seo a mbíonn a gcolainn trom agus sciatháin tosaigh fhada chaola láidre ar chruth suntasach orthu. Bíonn na sciatháin deiridh suntasach. Bíonn na súile mór. Cuma fearsaide a bhíonn ar na hadharcáin thiubha. Bíonn an barr crom agus a bhior in airde.

Bíonn eitilt thréan thapa ag na leamhain fhásta. Tugann siad aistir fhada orthu féin le linn imirce dóibh. Istoíche is mó a bhíonn siad ar eite agus meallann soilse iad. Tugann siad cuairt ar bhláthanna d'fhonn an neachtar a fháil. Ólann siad trína bpróboscas rífhada é.

Bíonn an bolb (1) ramhar agus ribí air agus a chraiceann gartach. Bíonn adharc mhór ar chúl a cholainne. Is iomaí cineál plandaí agus crainn a chaitheann na boilb, agus is lotnaidí cuid díobh.

In aice le saileacháin agus fiúise i ngairdíní a bhíonn an **Conach Eilifinteach** (2) mar is iad sin bia na mbolb. Sa lá a bhíonn an **Conach Foluana** (3) ag eitilt. Bíonn sé le feiceáil ar foluain os comhair bláthanna. Déanann sé imirce aneas gach bliain ó dheisceart na hEorpa. Ar na Conaigh eile áirítear Conach na Cealtrach agus an Sfíoncs.

LEAMHAIN EILE

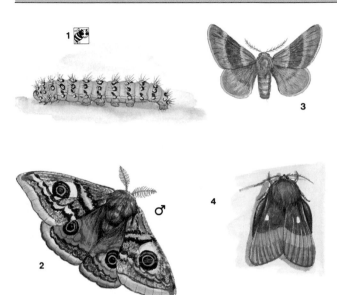

Impirí

Leamhain mhóra iad seo a mbíonn a gcolainn ramhar ribeach, adharcáin ar nós cleití orthu mar aon le sciatháin ollmhóra dhaite agus 'súile' orthu go minic. 40-150 mm réise a sciathán. Próbuscas beag a bhíonn orthu agus ní chaitheann na feithidí fásta aon bhia. Bíonn na boilb (1) feolmhar agus tortóga ribí orthu ar fhaithní corracha go minic. Is laistigh de chocúin síoda a phupaíonn siad ar nós seiriceáin. Is beag ball den fhine seo a bhíonn le fáil san Eoraip agus ní shroicheann ach ceann amháin an Bhreatain, i.e. an t**Impire** (2). Ar fhraoch agus ar mhóinteán a thagtar air. Tá an tOll-leamhan Péacóige cosúil go maith leis agus is é an leamhan is mó san Eoraip uile é. In úlloird agus i gceantair oscailte tuaithe a bhíonn sé le fáil.

Ubhóga

11 speiceas díobh seo a bhíonn le fáil ar na hoileáin seo. Leamhain mhóra nó leathmhóra iad. Is ribeach na leamhain iad agus sciatháin leathana orthu a luíonn os cionn a chéile nuair a bhíonn an fheithid ag ligean a scíthe. 25-85 mm réise a sciathán. Bíonn adharcáin chleiteacha orthu. Bíonn na boilb an-ribeach agus na ribí greannaitheach. Ina choilíneachtaí i bpúbaill síoda ar sceacha geala, ar chrainn úll agus ar chrainn eile a bhíonn boilb an **Libhré Chrainn** (3). I gcoillte, ar fhraoch agus ar mhóinteán a bhíonn na h**Ubhóga Darach** (4). Faigheann na boilb cothú ar dhriseacha, ar sceacha geala agus ar fhraoch. Níl oidhre ar an Leamhan Bolgach ag reastóireacht dó ach duilleog dhonn fheoite.

29

LEAMHAIN EILE

Leamhain Chlúmhacha

10 speiceas atá le fáil ar na hoileáin seo. Leamhain ribeacha leathmhóra iad seo. Bíonn na ribí colgach greannaitheach. 25-65 mm réise a sciathán. Bíonn an próboscas beag nó bíonn sé ar iarraidh ar fad mar nach gcaitheann na feithidí fásta aon bhia. Bíonn na hadharcáin cleiteach. Ribeach greannaitheach a bhíonn na boilb ach tarraingteach do na súile agus daite go glé. Bíonn tortóga ribí ar a ndroim. Crainn agus toir a chaitheann mórán díobh agus is lotnaidí móra cuid acu. I gcoillte, i bpáirceanna poiblí agus i ngairdíní a fhaightear an **Leamhan Deatúil** (1) ach tá sé an-ghann in Éirinn. Ní bhíonn sciatháin ar bith ar na baineannaigh (2) agus ní thagann siad amach as an gcócún ach chun uibheacha a bhreith isteach ann. Bíonn na **Leamhain Chlúmhacha Bhána** ar eite i gcoillte agus i

ngarraithe leannlusanna; is lotnaidí na boilb. Is mó iad na Leamhain Ghiofógacha agus is lotnaidí móra iad ar úlloird agus ar choillte san Eoraip.

Rinnchaim

6 speiceas atá le fáil ar na hoileáin seo. Is leamhain bheaga nó leathmhóra iad a mbíonn a gcolainn seang, a gcuid sciathán tanaí agus is ar dhul crúca a bhíonn reanna na sciathán tosaigh. 20-40 mm réise a gcuid sciathán. Ní bhíonn ach ceithre phéire de chosa bréige faoi na boilb (is iad na cosa inghreama a bhíonn in easnamh). Barrchaol bunchaol a bhíonn colainn an larbha. Bíonn dhá cheann na colainne ardaithe aige ag reastóireacht dó. Ar fhraoch agus i gcoillearnach a bhíonn an **Rinncham Púrógach** (4) atá gann in Éirinn.

30

Leamhain Ghabhair

3 speiceas atá le fáil ar na hoileáin seo. Leamhain mhóra iad (25-85 mm réise a sciathán). I gcoillte, i ngairdíní agus in úlloird a fhaightear an **Leamhan Gabhair** (1). Bíonn an bolb mór feolmhar agus bíonn boladh bréan an ghabhair uaidh. Déanann sé poll isteach in adhmad crann.

Buirnéid

9 speiceas atá le fáil ar na hoileáin seo. Sa lá a bhíonn siad ar eite agus bíonn a sciatháin glédhathach miotalach. 24-40 mm réise a sciathán. Bíonn cnapáin ar a n-adharcáin. Bíonn na boilb ramhar agus bíonn spotaí dorcha orthu agus tortóga ribí. I móinéir, ar mhulláin chailce agus ar imeall coillte a fhaightear an **Buirnéad Sébhallach** (2).

Mearleamhain

5 speiceas atá le fáil ar na hoileáin seo. Leamhain leathmhóra iad seo (24-62 mm réise a sciathán) a mbíonn adharcáin ghiortacha orthu. Eitlíonn siad go tapa ag deireadh an lae. Is mó agus is tláithe dath an bhaineannaigh ná dath an fhireannaigh. Sa chréafóg a mhaireann an larbha. Nuair a bhíonn solas lasta istigh i dteach is minic a thagann an **Mearleamhan Coiteann** (3) chuig an bhfuinneog.

Séisídí

15 speiceas atá le fáil ar na hoileáin seo. Leamhain lae iad a bhíonn le feiceáil go minic gar do bhláthanna. Bíonn cuid dá sciatháin trédhearcach agus is minic a dhéanann a gcolainn aithris ar fhoichí. 24-45 mm réise a sciathán. Déanann na boilb tolláin isteach i gcrainn. Thart ar choillte agus ar fhálta a bhíonn an **Beachleamhan** (4) le fáil.

31

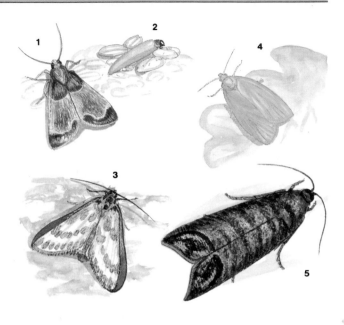

Socleamhain

Tá beagnach 200 speiceas le fáil ar na hoileáin seo. Is feithidí beaga nó leathmhóra iad (10-40 mm réise a sciathán), agus is minic a bhíonn pailpeanna móra ag gobadh amach os comhair a gcloiginn ar nós soic. Triantáin fhada is ea na sciatháin tosaigh. Leathan a bhíonn na sciatháin chúil. Is lotnaidí a lán de na leamhain seo. I dtaiscí arbhair a lonnaíonn na **Plúrleamhain** (1) agus na boilb. I bhfeadáin síoda (2) a chónaíonn na larbhaí agus tosaíonn siad ag lúbarnaíl nuair a chuirtear isteach orthu. Ar thalamh díomhaoin agus i bhfálta a bhíonn na **Mionbhreacóga** (3). Miontais, neantóga agus caochneantóga an cothú a bhíonn ag na boilb. Is amhlaidh a chónaíonn siad i gcornaí duilleog agus itheann siad iad. San uisce a chónaíonn boilb na bPiorálach.

Leamhain Thortracha

Breis is 300 speiceas díobh seo atá le fáil ar na hoileáin seo. Leamhain bheaga iad agus cruth traipéisiam a bhíonn ar a sciatháin tosaigh, i.e. leathan ar a mbun agus imill dhíreacha thrasnacha orthu. 10-25 mm réise a sciathán. Sa lá a bhíonn a lán díobh ar eite. Donn ballach nó liath ballach an dath a bhíonn ar a bhformhór. Déanann a nduaithníocht aithris ar dhuilleoga feoite nó ar chacanna éin. Is lotnaidí na boilb go minic agus ionsaíonn siad rósanna, péiní, mailpeanna agus crainn eile. I nduilleoga corntha a chónaíonn a lán acu, e.g. bolb an **Tortraigh Uaine** (4), ar a chrainn darach a fhaightear é. Is isteach in úlla a théann bolb an **Tortraigh Úll** (5). Piseanna san fhaighneog a itheann bolb an Phisleamhain.

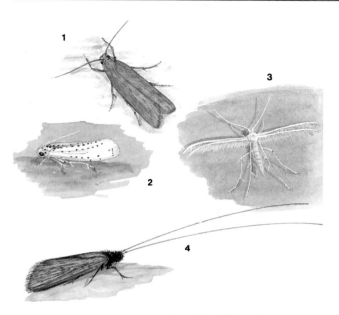

Leamhain Éadaigh

Timpeall 50 speiceas díobh seo atá le fáil ar na hoileáin seo. Leamhain bheaga iad seo (10-30 mm réise a sciathán). Dath donn nó liathdhonn a bhíonn orthu agus bíonn tortóg ribí ar a gcloigeann. Éadaí olla agus brait urláir a chaitheann larbhaí na speiceas díobhálach, e.g. an **Leamhan Éadaigh Coiteann** (1). Plandaí agus ainmhithe marbha a itheann larbhaí na speiceas a thaithíonn áiteanna fiáine.

Mioneirmíní (2)

Timpeall 50 speiceas a fhaightear ar na hoileáin seo. Is leamhain bheaga nó leathmhóra iad seo (24-45 mm réise a sciathán) agus bán a bhíonn a sciathán tosaigh agus iad breac le spotaí dubha. Liath a bhíonn a sciatháin deiridh. I bpubaill síoda a bhíonn na boilb i measc duilliúir tor agus crann.

Leamhain Chleiteacha

Tá beagnach 40 speiceas le fáil ar na hoileáin seo. Leamhain sheanga iad a mbíonn sciatháin chaola orthu. Cornann siad na sciatháin agus coinníonn siad amach uathu féin go dronuilleach iad nuair a bhíonn siad ag ligean a scithe. 20-30 mm réise a sciathán. Casann na boilb duilleoga thart orthu féin nó tollann siad isteach i ngais plandaí. Ar thalamh díomhaoin agus i bhfálta a bhíonn an **Leamhan Cúigmhéarach** (3) ar eite.

Leamhain Fhadadharcacha (4)

10 speiceas a fhaightear ar na hoileáin seo. I gcaitheamh an lae is mó a bhíonn siad ar eite. Dath miotalach a bhíonn ar a sciatháin agus 12-22 mm a réise. Bailíonn na fireannaigh le chéile ina scaotha uaireanta. Bíonn adharcáin anfhada orthu. Baineann na boilb úsáid as duilleoga nuair a bhíonn siad beag, i.e. déanann siad cásanna duilleog de réir mar a fhásann siad.

33

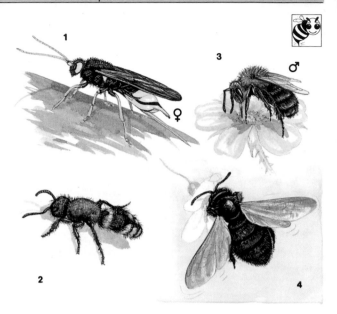

Bíonn na feithidí seo beag nó beag bídeach. Dhá phéire sciathán scannánach a bhíonn orthu agus iad ceangailte le chéile sa chaoi gur cuma nó aon phéire amháin iad. Is lú an sciathán deiridh ná an sciathán tosaigh agus bíonn crúca air a théann i bhfostú in eitre i gcúl an sciatháin tosaigh. Bíonn féitheacha na sciathán tearc agus na cillíní mór. Bíonn na hadharcáin fada.

Feithidí aonaránacha is ea a bhformhór ach bíonn an chuid eile sóisialta agus ina gcoilíneachtaí a bhíonn siad. Fónann a lán díobh mar phailneoirí plandaí. Is seadánaigh mórán speiceas agus coinníonn siad líon na bhfeithidí faoi smacht.

Is seadánaigh ar fheithidí eile cuid de na larbhaí. Gáil a dhéanann cuid eile nó caitheann siad plandaí. Níl oidhre ar larbhaí na Sábhchuileanna ach boilb féileacán; is lotnaidí go minic iad. Cé is moite díobh sin is cruimheanna bána na larbhaí nach mbíonn cos ar bith fúthu. Ní bhíonn siad le feiceáil ach go hannamh toisc go mbíonn siad i bhfolach in óstach, i ngál nó i nead.

Ní bhíonn aon choim ar na Sábhchuileanna. Coim shuntasach a bhíonn ar na speicis eile, i.e. Foichí, Beacha, Seangáin agus Icneomain, idir a gcliabhrach agus a mbolg. Sa phictiúr thuas tá **Foiche Choille**, ar cineál Sábhchuile é (**1**); **Díbheach Shíodúil** nó **Seangán Gruagach** ar foiche é (**2**); **Bláthbheach** (**3**); agus **Cearpantóir** nó **Beach Siúinéireachta** (**4**) nach bhfaightear ar na hoileáin seo. Tá sí le fáil ar Mhór-Roinn na hEorpa, áfach.

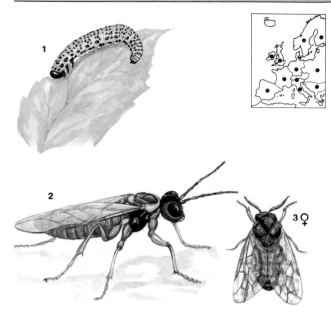

Bíonn na feithidí seo dubh nó donn agus cuma foiche orthu. Bíonn comharthaí dearga nó buí ar chuid díobh, cé nach mbíonn aon 'choim' idir cliabhrach agus bolg orthu. Bíonn ubhlonnaitheoir ar nós sáibh ar na baineannaigh. Bíonn na hadharcáin fada agus iad ar dhul an tsnáithe.

In aice le biaphlandaí na larbhaí a bhíonn na feithidí fásta nó bíonn siad le feiceáil ag tabhairt cuairte ar bhláthanna chun an neachtar a fháil. Bíonn na Sábhchuileanna an-choitianta ar umbalaigh (fine na gcairéad).

Cosúlacht boilb a bhíonn ar na larbhaí (1). Is féidir leo an-dochar a dhéanamh, go háirithe más ina ngrúpaí a bhíonn siad. Sa chás sin is nós leo na duilleoga a fhágáil ina gcreatlacha. Cornann cuid díobh na duilleoga, déanann cuid eile tochailt sa duilliúr. Is cionsiocair le gáil cuid eile; cuid eile arís is iad na bláthanna nó na torthaí a ionsaíonn siad.

Is iomaí planda garraí a ionsaíonn na Sábhchuileanna, e.g. rósanna, tornapaí agus úlla óga, cuir i gcás. Duilliúr spíonán a chaitheann larbhaí (1) na **Sábhchuile Spíonán** (2). Crainn a ionsaíonn cuid eile, e.g. an sceach gheal, an tsaileach, an learóg, etc. Bachlóga óga na péine a chaitheann larbhaí na **Sábhchuile Péine** (3). Tá an **Fhoiche Choille** ar cheann de na Sábhchuileanna is mó dá bhfuil ann; in adhmad an chrainn phéine a bhíonn an larbha.

35

GÁLFHOICHÍ Cynipidae

Breis is 100 speiceas atá le fáil ar na hoileáin seo   Is lú iad ná 5 mm

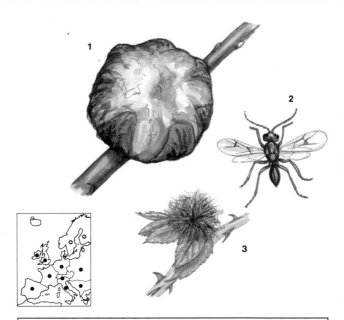

Is mionfhoichí cruiteacha iad seo a mbíonn dath dubh, donn nó breacbhuí orthu. Bolg lonrach gearr a bhíonn orthu agus é leata trasna. Bíonn na hadharcáin fada gan uillinn iontu.

San earrach agus sa samhradh a bhíonn na feithidí fásta ar eite. Is minice a bhíonn na gáil a thógann siad ar phlandaí le feiceáil ná na feithidí féin. Ar chrainn darach is mó a thagann na gáil chun cinn ach feictear iad freisin ar rósanna, ar nóiníní agus ar phlandaí eile.

Nuair a bheirtear uibheacha ar phlanda is cionsiocair le meall nó gál iad. Is istigh sa ghál a fhabhraíonn an larbha is an pupa. Ina n-aonar a bhíonn larbhaí roinnt speiceas; bíonn larbhaí a lán speiceas eile in éineacht in aon ghál amháin. Is nós le speicis eile fós a n-uibheacha a bhreith i ngáil atá ann cheana féin. Is mar 'aíonna' a fhabhraíonn na larbhaí agus is minic a scriosann siad na bunáitritheoirí.

Is iomaí cineál gálfhoiche a ionsaíonn an dair. Is iomaí cruth a bhíonn ar na gáil, e.g. spaglainní cruinne nó mirlíní sféaracha. Larbha **Biorhiza pallida** (2) is cionsiocair leis an n**Gál Darach** (1). Is ar an rós fiáin a bhíonn an **Pioncás Spideoige** (3) le feiceáil. Is iomaí feithid a lonnaíonn sna gáil seo, seachas larbhaí na gálfhoiche is cúis leo amháin.

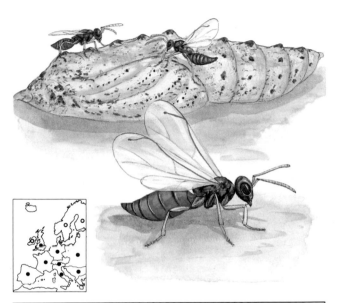

Is mionfhoichí seadánacha iad seo a mbíonn adharcáin uilleacha orthu. Ní bhíonn d'fhéitheacha ar a sciathán tosaigh ach aon fhéith amháin ar feadh na ciumhaise tosaigh. Dath dubh, dúghorm nó dubhuaine a bhíonn ar na Cailcidí agus bíonn loinnir mhiotalach ar mhórán díobh.

Is iad na Cailcidí mar aon leis na Cuileanna Seadánacha [lch 58] an cosc is tábhachtaí ar líon na bhfeithidí. Cibé áit a bhfaightear a n-óstaigh, is ea a bhíonn na Cailcidí le fáil chomh maith.

Is seadánaigh ar fheithidí eile larbhaí fhormhór na gCailcidí. Cuireann na baineannaigh a gcuid uibheacha isteach in uibheacha nó i larbhaí an iliomad feithidí éagsúla, e.g. cuileanna, ciaróga, beacha agus leamhain. Laistigh den óstach a fhabhraíonn an larbha seadánach sa chaoi go maraíonn sé é.

Is seadánaigh formhór na gCailcidí, e.g. ***Pteromalus puparum*** (sa phictiúr); laistigh de phupaí na mBánóg a fhásann na larbhaí. Is iad na Sciodamáin na feithidí is lú dá bhfuil ann (is giorra ná 0.25 mm cuid de na feithidí fásta). Laistigh d'uibheacha feithidí eile a fhabhraíonn a larbhaí sin. Baintear feidhm as na Cuileanna *Trichogramma* chun lotnaidí tithe gloine a choinneáil faoi smacht.

37

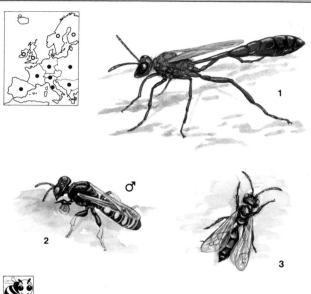

1

♂
2

3

Is foichí cuibheasach mór iad seo agus bíonn coim sheang idir a gcliabhrach agus a mbolg. Dubh nó donn an gnáthdhath a bhíonn orthu agus bíonn gréasáin éagsúla ar a gcolainn. Ina luí cothrom ar dhroim na feithide a bhíonn na sciatháin ag ligean a scíthe di. Bíonn 'bóna' suntasach le feiceáil ar chúl an chloiginn.

Tagtar ar na cinn fhásta in aice le bláthanna, áit a gcaitheann siad neachtar nó feithidí beaga. Tagtar orthu freisin agus iad ag tochailt talmhóige nó ag tóraíocht creiche chun í a thabhairt chuig a gcuid larbhaí.

Is foichí aonaránacha seilge iad. Is nós le baineannaigh fhormhór na speiceas talmhóg a dhéanamh san ithir. Maraíonn siad a gcreach nó cuireann siad pairilis uirthi. Fágann siad sa talmhóg ansin í mar aon lena n-uibheacha. Nuair a thagann na larbhaí amach, is í an chreach a itheann siad. Boilb, dreoilíní teaspaigh, cuileanna agus damháin alla, etc. na hainmhithe a bhíonn mar chreach ag na Seanánaigh.

I gceantair ghainimh a chónaíonn a lán de na foichí seo, áit ar furasta na talmhóga a thochailt. Bíonn **Foichí Gainimh** (1) le feiceáil ina leithéidí de limistéir agus iad ag tarraingt bolb leo. Bíonn **Foichí Tochailte Caola** (2) le feiceáil freisin agus iad ag tarraingt cuileanna ina ndiaidh chuig a dtalmhóga. Is foiche bheag an **Fhoiche Ochlánach** a dhéanann a nead i gcuailli, i ngairdíní tuaithe go minic.

1

2

Dubh agus buí a bhíonn na foichí seo agus bíonn coim shuntasach orthu idir a gcliabhrach agus a mbolg. Is feadh a gcolainne a fhilleann siad a sciatháin agus iad ag ligean a scíthe. Bíonn a gcailg an-phianmhar agus is féidir leo í a úsáid arís agus arís eile.

Bíonn na hoibrithe ag tóraíocht bia i measc bláthanna agus timpeall boscaí bruscair. Is mór an crá croí na Foichí sa teach agus san ionad picnice, mar meallann feoil agus bianna milse iad. Feithidí eile a sheilgeann siad nuair is in áiteanna fiaine a bhíonn siad lonnaithe.

San earrach a thosaíonn an Chráinfhoiche Shóisialta a nead. Ar dtús ní ghineann sí ach oibrithe baineanna amháin; is ar ball a ghintear na fireannaigh agus na cránacha óga. I gcrainn, i bpoill sa talamh nó in áiléir ti, etc. a dhéantar an nead. Uigeacht ar nós páipéir a bhíonn sa nead agus bíonn cuinneoga inti lán le larbhaí.

Bíonn an **Fhoiche Choiteann** (1) gach uile áit. Is mó go mór an **Chornfhoiche** (2) (níl sí in Éirinn) agus is gannchúisí í freisin. I gcrainn fholmha a bhíonn na neadacha de ghnáth. Bíonn Foichí Páipéir ar an Mór-roinn ach ní bhíonn ar na hoileáin seo; is minic a bhíonn a neadacha a mbíonn cuma scátha báistí orthu le feiceáil agus iad crochta de sceimhleacha tithe. Tá dealramh ag na Cealgadóirí (Foichí Criadóireachta is Saoirseachta) leis na Foichí Sóisialta ach is feithidí aonaránacha iad.

39

Gaispeadáin

Timpeall 40 speiceas a fhaightear ar na hoileáin seo. Is foichí dubha cosfhada iad, iad 5-25 mm ar fad agus is minic dath dearg ar a mbolg. Bíonn a sciatháin dorcha agus coinnítear ina luí cothrom ar an droim iad nuair a bhítear ag reastóireacht. Bíonn cailg phianmhar sna Gaispeadáin. Ar bhláthanna nó ar an talamh a bhíonn siad le feiceáil agus iad ag tóraíocht damhán alla. Fraoch agus dumhcha a thaithíonn siad go minic. Lascann siad a sciatháin ag rith dóibh. Cuireann siad pairilis ar dhamháin alla lena gcailg agus tarraingíonn siad isteach sa talmhóg iad. Beirtear ubh ar an damhán alla agus caitheann an larbha é nuair a thagann sé amach. Tá an **Gaispeadán Dústríocach** (1) ar cheann de na speicis is mó.

Foichí Rúibíneacha

31 speiceas díobh seo a fhaightear ar na hoileáin seo. Loinnir ghlé mhiotalach ghorm, uaine nó dhearg a bhíonn orthu. Crua a bhíonn a colainn agus d'fhéadfadh sí a bheith 12 mm ar fad. Ní bhíonn cailg ar bith iontu ach cuachann siad iad féin ina chéile má chuirtear isteach orthu. In áiteanna gainmheacha is mó a bhíonn siad le feiceáil nó timpeall ballaí agus fálta adhmaid agus iad sa tóir ar chuasnóga foichí agus beach aonair. Is seadánaigh iad agus is é nós na cuaiche a chleachtann siad. Beireann siad uibheacha i dtalmhóga beach agus foichí. Nuair a thagann an larbha amach maraíonn sé an larbha bunaidh agus caitheann sé é agus an chreach a bhí i dtaisce leis. Beacha Saoirseachta an chreach is gnáiche ag *Chrysis ignita* (2).

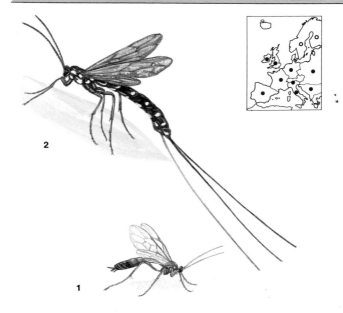

2

1

Feithidí caola iad seo a mbíonn dealramh acu le foichí. Is minic a bhíonn bolg an-fhada orthu. Bíonn ubhloinnaitheoir fada ag an mbaineannach a fheictear ag gobadh amach as bun na colainne. Dubh a bhíonn na hadharcáin agus bíonn comharthaí bána nó geala orthu uaireanta; bíonn síorchrith iontu. Bíonn na hadharcáin ar comhfhad leis an gcolainn maidir lena lán speiceas.

Is scadánaigh ar fheithidí eile iad uile nach mór. Baineann tábhacht leo toisc go gcoinníonn siad síolrú na bhfeithidí faoi smacht. Bíonn siad coitianta áit a mbíonn fásra dlúth le fáil, e.g. i bhfálta. Bíonn siad le feiceáil ag tóraíocht feithidí i measc na bplandaí.

Is seadánaigh iad na larbhaí mar is i larbhaí agus i bpupaí feithidí eile nó i larbhaí damhán alla a fhabhraíonn siad. Boilb na hóstaigh is coitianta, ach i larbhaí Sábhchuileanna, ciaróg coille agus ciaróg duilliúir a lonnaíonn cuid díobh. Braitheann an baineannach an t-óstach taobh istigh den duilleog nó den adhmad.

Bíonn a lán Icneoman sa tóir ar bhoilb leamhan chun a n-uibheacha féin a bhreith iontu; sampla maith is ea *Netelia testaceus* (1). San oíche a bhíonn sí ar eite agus meallann soilse í. Is í *Rhyssa persuasoria* (2) an tIcneoman is mó ar na hoileáin seo agus is i gcoillte giúise a thaightear í. I larbhaí na Foiche Coille a bheireann sí a huibheacha trí choirt na giúise féin.

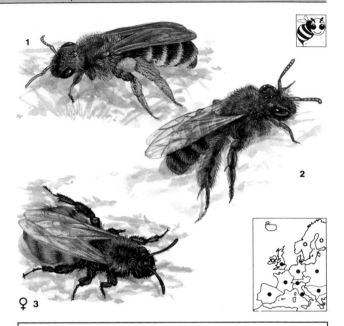

♀ 3

Beacha beaga iad seo den chuid is mó. Bolg dubh nó donn a bhíonn ar a bhformhór agus mothallach a bhíonn idir cheann agus chliabhrach. Bíonn scuabóg phailíne le feiceáil ar an dá ghéag dheiridh. Teanga ghearr a bhíonn sna beacha seo, rud a fhágann gur bláthanna gearrfheadánacha nó oscailte a thaithíonn siad agus iad ag tóraíocht neachtair is pailíne.

Bíonn siad seo ar na beacha is túisce a thagann amach san earrach. Pailníonn siad a lán plandaí, e.g. bláthanna earraigh go háirithe, a bhíonn ar shaileacha agus ar chrainn úlloird. Driseacha agus fine na nóiníní a phailníonn siad níos sia amach sa bhliain.

Ina n-aonar is mó a bhíonn siad. San earrach is amhlaidh a thochlaíonn an baineannach talmhóg san ithir a mbíonn seomraí áil ag a bun. Bíonn na talmhóga líonmhar uaireanta in ithir ghainmheach, ar mhóinteáin agus ar chosáin chrua sataílte. Poll beag bídeach an bealach isteach sa talmhóg agus bíonn carn beag ithreach in aice leis an bpoll nuadhéanta.

Tá an **Bheach Thalmhóige Chosbhuí** (1) ar cheann de na speicis is toirtiúla cé nach bhfuil sí ach 12 mm ar fad. Is iomaí speiceas atá cosúil léi bíodh gur lú agus gur leimhe dath iad. Tá an **Bheach Thalmhóige Luath** (2) ar cheann de na beacha seo is túisce a bhíonn le feiceáil san earrach; timpeall crann sailí agus caisearbhán a bhíonn sí ar eite. I bplásóga féir a dhéanann an **Bheach Thalmhóige Chiarbhuí** (3) a nead, agus bíonn carnáin bheaga chréafóige le feiceáil thart ar an nead.

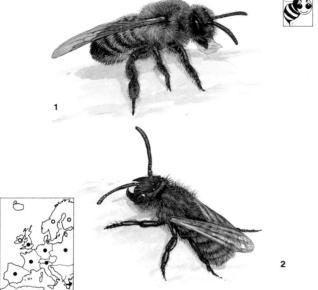

1

2

Beacha beaga nó leathmhóra iad seo. Dorcha ribeach a bhíonn siad agus a gcolainn ramhar. Ar íochtar ribeach a mboilg a iompraíonn siad an phailin, agus bíonn dath buí ar an mbolg go minic dá bharr. Bíonn a dteanga fada agus a ngialla géar greamannach.

Is tábhachtach na pailneoirí iad na beacha seo agus is iomaí cineál bláthanna a thaithíonn siad. Baineann na Beacha Cumhdaitheoireachta míreanna de dhuilleoga agus de phiotail a lán plandaí, e.g. rósanna agus saileacha.

Beacha aonair iad seo. Déanann na baineannaigh neadacha simplí ar bheagán cuinneog i bpoill adhmaid nó sa talamh. Aon ubh amháin, pailin agus neachtar a bhíonn i ngach cuinneog. Faigheann an baineannach bás ansin. Forbraíonn an larbha agus an pupa go ndéanann siad fireannaigh agus baineannaigh. Ní thagann siad amach go dtí an bhliain dár gcionn.

Píosaí duilleog a úsáideann na **Beacha Cumhdaitheoireachta** (1) chun cuinneoga a neadacha a líneáil agus a shéalú. Créafóg a úsáideann na **Beacha Saoirseachta** (2) chun a neadacha a thógáil. Is seadánaigh ar bhaill eile den fhine roinnt speiceas. I neadacha na mbeach eile a bheireann siad a gcuid uibheacha agus baineann siad na huibheacha bunaidh amach.

43

Beacha móra tréana ribeacha iad seo den chuid is mó. Dubh a bhíonn siad móide comharthaí buí nó dearga. I 'gcléibhíní' ar na géaga leathana deiridh a bheirtear an phailin ar ais chuig an nead. Bíonn a dteanga fada agus is féidir léi neachtar na mbláthanna fadfheadánacha a shroicheadh. Baineann siad feidhm as a gcailg má chuirtear isteach orthu.

In aice le bláthanna is dóichí a bhíonn siad le feiceáil agus iad ag bailiú pailine sna cléibhíní pailine. Is tábhachtach na pailneoirí iad sa mhéid gur nós leo mórán plandaí a phailniú nach féidir le feithidí eile a shroicheadh, e.g. na seamra.

Is beacha sóisialta iad. Ní mhaireann ar feadh an gheimhridh ach na cráinbheacha toirchithe. Tagann siad amach san earrach chun coilíneachtaí a thosú, i bpoill sa talamh go minic. Ar dtús ní bhíonn sa choilíneacht ach an chráinbheach féin agus na hoibrithe baineanna a dhéanann nead a mbíonn cuinneoga inti. Bíonn larbha i ngach cuinneog. Tamall ina dhiaidh sin a ghintear na ladrainn is na cráinbheacha nua.

Ar na speicis is coitianta áirítear an **Bhumbóg Earrbhán** (1) agus an **Bhumbóg Mhór Earr-rua** (2); is minic a bhíonn an dá speiceas le feiceáil i ngairdíní. Tá an-dealramh ag na Beacha Cuaiche leo ach nach mbíonn cléibhíní pailine ar a gcuid géag. Déanann an Chráinbheach Chuaiche seadánachas ar neadacha Bumbóg eile. Maraíonn sí an chráinbheach dhlisteanach agus beireann sí a huibheacha féin ina nead.

Beacha ribeacha donna iad seo. Dorcha a bhíonn a gceann is a gcliabhrach. Bíonn bandaí dubha ar a mbolg agus dubh a bhíonn a 'n-eireaball'. Bíonn cléibhín pailine ar na géaga deiridh. Bíonn friofac ar chailg na mbeach seo. Ní chailgeann siad ach uair amháin agus faigheann siad bás dá bharr.

Is iomaí crann, planda agus barr a phailníonn an t-oibrí (sa phictiúr thuas). Bíonn siad le feiceáil thart ar bhláthanna agus iad ag cruinniú meala. Bíonn a lán díobh fiáin ach is i gcoirceoga saorga a chónaíonn beacha eile. Céir agus mil a sholáthraíonn siad.

Beacha sóisialta iad seo. Cráinbheach amháin a bhíonn sa choirceog mar aon le timpeall 50,000 oibrí aimrid, larbhaí (na Madraí Bána), pupaí agus ladrainn (amanna faoi leith i gcaitheamh na bliana). Tarlaíonn an scaoth nuair a thréigeann an tsean-chráinbheach an choirceog agus ollslua oibrithe ina cuideachta. Bunaíonn siad nead nua. Déanann an chráinbheach óg an choilíneacht a atógáil tar éis cúpláil di.

Is le haon speiceas amháin a bhaineann na **Beacha Meala** uile, ach go bhfuil roinnt cineálacha éagsúla ann. Is toirtiúla na **Bláthbheacha** agus is mó an dealramh a bhíonn acu le Bumbóga. Cliabhrach clúmhach dubh nó donn a bhíonn orthu agus bolg stríocach. Is tapúla a n-eitilt ná eitilt na mBumbóg agus bíonn cumas foluana iontu freisin. Is mó go mór na **Bumbóga** ná na Beacha Meala agus is cuid suntais dathanna agus gréasáin a gcolainne.

45

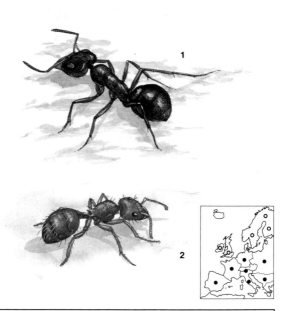

Bíonn na feithidí beaga seo dubh nó dearg nó donn go hiondúil. Bíonn deighleog thosaigh an bhoilg caol ar chuma coime. Bíonn cor sna hadharcáin. Bíonn sciatháin ar na fireannaigh agus ar na baineannaigh thorthúla. Déanann siad sin scaoth le chéile. Gan aon sciathán ar na hoibrithe. Baineann formhór na Seangán greim as an té a chuirfeadh isteach orthu ach steallann cuid díobh aigéad.

Is scroblachóirí mórán Seangán agus is crá croí cuid acu sa teach nó san ionad picnice. Bianna siúcrúla a mheallann iad. Is nós le cuid díobh tindeáil a dhéanamh ar aifidí agus iad a chosaint ar a naimhde. Ar an gcaoi sin is féidir leis na Seangáin an drúcht meala a bhleán as na haifidí.

Feithidí sóisialta iad na Seangáin. San ithir, i gcarn cipíní, i gcarn snáthaidí giúise nó in adhmad lofa is ea a dhéanann siad a neadacha. Máthair áil agus oibrithe a bhíonn sa nead, cé go mbíonn 'saighdiúirí' ag roinnt speiceas. Déanann fireannaigh agus baineannaigh sciathánacha scaotha amanna áirithe i gcaitheamh na bliana. Is ansin a chuireann na baineannaigh tús le neadacha nua.

Bíonn na **Seangáin Chapaill** (1) coitianta in áiteanna fiáine agus i ngairdíní. Ní bhainfidís greim as duine. Faoi chrainn tite agus i gclaíocha a dhéanann na **Seangáin Dhearga** (2) a neadacha. Is fíochmhar na feithidí iad agus is pianmhar a ngreim. Is éard atá sna Seangáin Choille seangáin mhóra dhonna a bhaineann greim as duine agus a steallann aigéad freisin. Déanann siad neadacha i riocht cnocán as cipíní, as spíonlach giúise, etc. i gcoillte agus ar thalamh fraoigh.

46

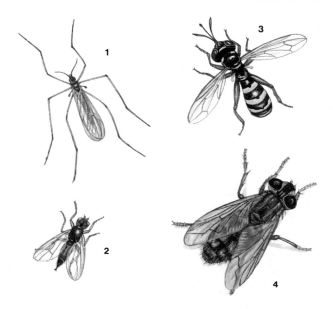

Bog nó leathrach a bhíonn colainn na bhfeithidí seo agus is minic clúdaithe le ribí iad. Cloigeann cruinn a bhíonn orthu agus bíonn na súile mór. Cliabhrach ubhchruthach dronnach a bhíonn orthu. Ní bhíonn orthu ach péire amháin sciathán, i.e. na sciatháin scannánacha tosaigh. Níl fágtha de na sciatháin deiridh ach dhá orgán cothromaíochta a mbíonn meall ar a mbarr.

Is iomaí gnáthóg a bhfaightear na feithidí fásta inti. Bíonn siad ag tóraíocht neachtair ar bhláthanna nó faightear iad san áit a mbeireann siad a n-uibheacha, e.g. ar chac nó ar splíonach. Más seadánaigh iad is timpeall óstaigh na larbhaí is mó a bhíonn siad.

Cruimheanna boga gan chosa na larbhaí. Ní bhíonn cloigeann faoi leith ar a lán speiceas larbhaí. Is éagsúil go maith na cineálacha saoil a bhíonn acu. I linnte uisce, i sruthán nó sa chréafóg a chónaíonn cuid díobh. Cuireann cuid eile gáil ar phlandaí. Seadánaigh ar ainmhithe cuid díobh. I gcac nó i splíonach a chónaíonn cuid eile.

Tá trí mhórghrúpa cuileanna ann. Adharcáin fhada a bhíonn ar chuileanna céadrata an chéad ghrúpa, e.g. galáin. Adharcáin ghearra agus deighleoga iontu a bhíonn ar chuileanna an dara grúpa e.g. na Creabhair Chapaill. Ní bhíonn ach ribí mar adharcáin ar chuileanna an tríú grúpa e.g. na Cuileanna Tí. Sa phictiúr thuas tá **Corrmhíol an Gheimhridh** (1); **Cuil Mheacain Dheirg** (2); **Cuil Cheannmhór** (3); **Cuil Fheola** (4) le feiceáil.

47

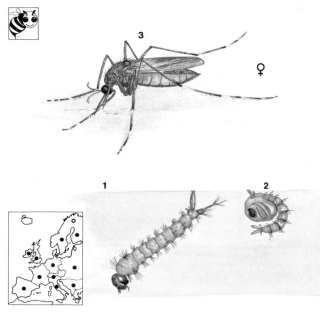

3

♀

1

2

Cuileanna fada caola iad seo. Bíonn próboscas fada géar ar an mbaineannach a úsáideann sí chun fuil daoine, mamach nó éan a shúrac. Neachtar a chaitheann na fireannaigh. Cleiteach a bhíonn na hadharcáin fhada ar an gceann fireann. Dul ribí gruaige a bhíonn ar adharcáin an bhaineannaigh. Nuair a bhíonn an fheithid fhásta ag tuirlingt, is amhlaidh a ardaíonn sí na cosa deiridh.

In áiteanna taise a fhaightear iad, i gcoillte, i ngairdíní, etc. Sa chlapsholas ag deireadh an lae agus roimh bhreacadh an lae is mó a bhíonn siad gníomhach. Ní féidir leis an mbaineannach uibheacha a bhreith go mbeidh fuil ólta aici. Bíonn snáthaidí móra agus éin ag tóraíocht muiscítí chun iad a ithe.

Bíonn na larbhaí (1) le fáil i linn bheag nó i lochán beag ar bith, i ndíoga agus i srutháin, etc. Bíonn na larbhaí le feiceáil in éineacht leis na pupaí (2) agus iad crochta as craiceann an uisce nuair a thagann siad aníos chun aer a thógáil. Planctón a itheann siad.

Tá speicis den ghéineas *Anopheles* ann a scaipeann galair ar nós maláire. Is muiscít mhór *Culiseta annulata* (3) agus is iomaí gnáthóg a bhfaightear inti í. Bíonn athlasadh san áit a bpriocann sí daoine. Is fíorannamh a chailleann an Corrmhíol Coiteann (*Culex pipiens*) daoine, mar éin is ansa leis. Adharcáin chleiteacha a bhíonn ar na Corrmhíolta Taibhse (*Chaoboridae*). Ní bhíonn aon phróboscas orthu agus ní féidir leo cailgeadh mar sin.

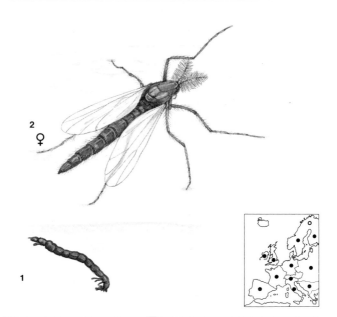

Cuileanna caola leochaileacha iad seo. Is beag forbairt ar a ngeolbhach agus ní bhíonn próboscas géar orthu. Nuair a fhéachtar anuas ar an bhfeithid fhásta, bíonn an cloigeann i bhfolach faoin gcliabhrach dronnach. Na géaga tosaigh a ardaíonn siad ar thuirlingt dóibh. Coinníonn siad a sciatháin i riocht dín os cionn a gcolainne agus iad díomhaoin. Adharcáin níos clúmhaí ar an bhfireannach ná ar an mbaineannach.

Is iomaí míoltóg fhásta ann nach gcaitheann bia ar chor ar bith. Is minic a thagann na fireannaigh le chéile ina scaotha móra sa gheimhreadh nó go luath san earrach sa tráthnóna nó tamall roimh luí na gréine. Is nós leis na baineannaigh a scíth a ligean ar fhásra gar don scaoth.

I bhfásra feoite a chónaíonn larbhaí roinnt speiceas. Is san uisce a chónaíonn a bhformhór, áfach. Ar ghrinneall sruthán, aibhneacha agus linnte a chónaíonn siad. Déanann mórán díobh feadán sa láib. Dealramh péiste a bhíonn orthu agus colainn bhog. Is fuilphéisteanna cuid díobh agus dath glé dearg orthu (1). Baineann tábhacht leo mar bhia le haghaidh éisc.

Is sampla amháin **Chironomus plumosus** (**2**) de mhórán speiceas atá cosúil le chéile. Is fuilphéisteanna na larbhaí. Is furasta na fireannaigh a thógáil in amhlachas Corrmhíoltóg Taibhse. Tá dealramh ag *C. plumosus* leis na **Míoltóga Géara** ach bíonn siad sin beag bídeach (5 mm ar fad ar an gcuid is mó de) agus filleann siad a sciatháin agus iad ag ligean a scíthe. Bíonn próboscas fada géar ar na **Muiscítí** agus ardaíonn siad na géaga deiridh ag reastóireacht dóibh.

49

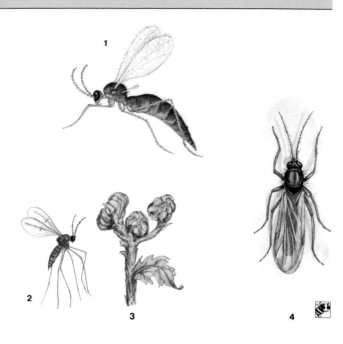

Gálmhíoltóga

Breis is 600 speiceas a bhíonn le fáil ar na hoileáin seo. Caol a bhíonn na cuileanna bídeacha seo (5 mm ar fad ar a mhéad). Cosa fada a bhíonn fúthu agus sciatháin leathana giobacha orthu. Bíonn frainse ar na sciatháin go minic. Bíonn fáinní ríbí bídeacha ar na hadharcáin a fhágann cuma muince coirníní orthu. Ní bhíonn na feithidí fásta le feiceáil chomh minic céanna is a bhíonn an ainríocht a chuireann na larbhaí ar phlandaí: torthaí, bláthanna agus bachlóga arna milleadh nó gáil i bhfoirm meallta ar ghais, ar dhuilleoga nó ar chraobhacha. Barra gráin i ndeisceart na hEorpa a ionsaíonn larbhaí na **Cuile Heiseánaí** (1) áit a dtollann siad gais an arbhair. Gáil choirceogacha a dhéanann an **Ghálmhíoltóg Órscoithe** (2), rud a chuireann na hórscothanna (3) go mór as a riocht.

50

Míoltóga Géara

Breis is 150 speiceas atá le fáil ar na hoileáin seo. Cuileanna beaga bídeacha iad, 5 mm ar fad ar a mhéad. Bíonn a gceann beag ach a gcosa fada go maith. Bíonn a sciatháin sách mór agus coinníonn na míoltóga ina luí cothrom iad nuair a bhíonn siad ag ligean a scíthe. Baineann na baineannaigh greim. Adharcáin chleiteacha a bhíonn ar na fireannaigh. Bailíonn siad le chéile ina sluaite móra go háirithe in aice le cóstaí agus srutháin sa tuaisceart. Bíonn na larbhaí caol agus dul péiste a bhíonn orthu. In uisce a chónaíonn cuid díobh, i ndíoga nó i linnte, nó ar tír faoi choirteacha crann. Is nós le mórán de na feithidí fásta feithidí eile a ionsaí. Daoine a ionsaíonn speicis eile, e.g. *Culicoides pulicaris* (4). Is mór an crá croí iad sin tráthnónta brothallacha samhraidh; bíonn a gcailg an-ghreannaitheach.

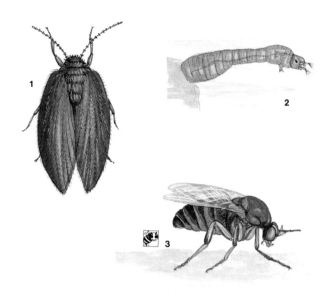

Cuileanna Leamhain (1)

Tá thart ar 75 speiceas le fáil ar na hoileáin seo. Is cuileanna bídeacha clúmhacha iad, timpeall 5 mm ar fad, agus cuma leamhain bhig orthu. Bíonn a sciatháin leathan agus coinníonn an fheithid os a cionn ar nós dín go minic iad nuair a bhíonn sí ag ligean a scithe. Is lag an eitilt a bhíonn acu agus is ar fhuinneoga is minice a bhíonn siad le feiceáil, go háirithe in aice le draenacha agus séaraigh nó ar stoic crann in áiteanna taise foscúla. In uisce a chónaíonn na larbhaí bídeacha breacbhána cuid den am; ábhar lofa plandúil nó ainmhíoch nó bruscar eile a chaitheann siad i ndraenacha, i séaraigh agus i ndoirtil.

Giobáin Dhubha

Timpeall 40 speiceas atá le fáil ar na hoileáin seo. Cuileanna bídeacha ramhra iad a mbíonn dath dubh nó dúliath orthu, 5 mm ar fad ar a mhéad. Cosa gearra tiubha a bhíonn fúthu. Bíonn a n-adharcáin gearr agus a ndroim cruiteach. Bunleathan a bhíonn a sciatháin agus iad sách mór i gcóimheas lena gcolainn. Cailgeann na baineannaigh capaill agus daoine. Ní bhíonn cailg ar bith ar na fireannaigh. Bíonn siad coitianta in aice le huisce reatha. Is minic ina gcrá croí iad aimsir bhrothallach nuair a bhailíonn siad thart ar chloigeann agus ar shúile daoine. Ceanglaíonn na larbhaí (2) iad féin de chlocha in uisce reatha tapa. Is sampla maith *Simulium equinum* (3) dá lán speiceas atá gaolmhar le chéile. In aice le sruthán sléibhe is mó a thagtar air.

51

GALÁIN Tipulidae
Timpeall 300 speiceas atá le fáil ar na hoileáin seo
32 mm ar a mhéad; 65 mm réise a sciathán ar a mhéad

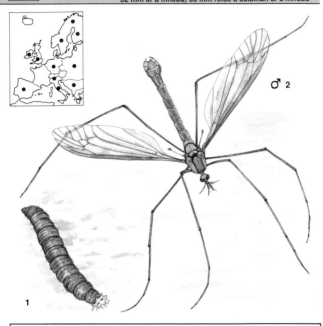

♂ 2

1

Cuileanna cosfhada (Snáthadáin, Snáthaid an Phúca) iad seo a mbíonn a gcolainn tanaí agus sciatháin chaola orthu. Bíonn siad amscaí ag gluaiseacht agus ag eitilt dóibh. Bíonn a gcosa leochaileach agus scoireann siad den fheithid go héasca. Bíonn líne shuntasach V-chruthach ar an gcliabhrach idir na sciatháin. Ní chailgeann siad.

Bíonn na Galáin flúirseach ina lán cineálacha gnáthóg: talamh féaraigh, coillte, riasca agus gairdíní. Tagann cuid díobh isteach sna tithe. Bíonn siad coitianta i gceantair thaise áit a mbíonn larbhaí flúirseach sa chréafóg.

Sa chréafóg a lonnaíonn larbhaí a lán speiceas, mar a gcaitheann siad plandaí lofa nó fréamhacha plandaí, e.g. fréamhacha féir. I nduilleoga feoite a chónaíonn speicis eile nó in adhmad lofa nó in uisce. 'Cóta Leathair' (1) a thugtar ar an larbha créafóige. Is féidir leis díobháil a dhéanamh sa ghairdín nó ar an bhfeirm, cé go ndéanann sé bia do na héin.

Tá a lán Galán ar aon mhéid leis an Muiscít ach is mó ná sin **Tipula paludosa** (2) agus is coitianta an speiceas é. I móinéir agus i bplásóga féir a thagtar ar an larbha. Meallann soilse tí na feithidí fásta ag deireadh an tsamhraidh agus tús an fhómhair. Is mó fós *Tipula maxima* agus bíonn a sciatháin ballach. Tá dealramh ag na **Corrchuileanna** leis na Galáin cé gur fine eile a bhaineann siad. Bíonn siad le feiceáil ina scaotha sa gheimhreadh agus san earrach.

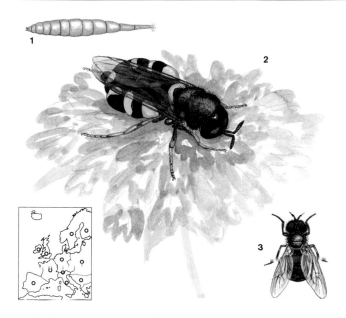

Cuileanna míne iad seo, cuid díobh tanaí agus cuid eile ramhar. Loinnir mhiotalach ar a lán díobh nó dathanna glé. Cuma foiche ar chuid acu. Bolg leata a bhíonn orthu ar leithne é go minic ná na sciatháin fhillte. Agus na Cuileanna Míleata ag ligean a scíthe, filleann siad a sciatháin go néata os cionn a chéile agus na himill sheachtracha comhthreomhar le chéile. Bíonn trí cheap ar gach cos leo.

Is leisceoirí na cuileanna seo. Á ngrianadh féin ar dhuilleoga is ar bhláthanna is minice a bhíonn siad le feiceáil. Cuirdíní is mó a thaithíonn siad. Is mall ciotach an eitilt a bhíonn faoi na Cuileanna Míleata ramhra ach bíonn cumas foluana ag an ngéineas caol *Sargus*.

Bíonn nósanna éagsúla ag na larbhaí. Is san uisce a chónaíonn a lán díobh (1); in ithir thais, in adhmad lofa, i bhfungais nó in ábhar lofa plandúil a lonnaíonn cuid eile. Ábhar plandúil a chaitheann cuid díobh ach is feoiliteoirí larbhaí eile. Is minic a dhéanann na Cailcidí seadánachas orthu.

Tá *Stratiomys chamaeleon* (2) ar cheann de na speicis is toirtiúla. In aice le huisce nó i riasca i ndeisceart na Breataine agus ar Mhór-Roinn na hEorpa is minice a thagtar air. In uisce a chónaíonn an larbha. Is lú agus is coitianta *Chloromyia formosa* (3). I ngairdíní agus in áiteanna taise a bhíonn sé le fáil; in adhmad lofa nó in ábhar plandúil feoite a lonnaíonn a larbhaí sin.

53

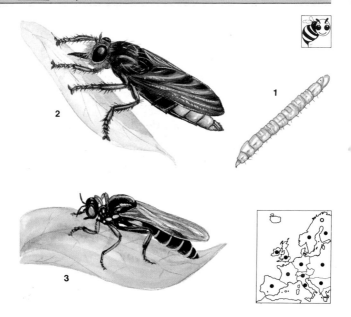

Is cuileanna tréana gaoisideacha na Sladchuileanna, iad mór nó leathmhór. Cosa fada ribeacha a bhíonn fúthu; bíonn a gcolainn caol. Dhá cheap ar a mhéad a bhíonn ar a gcosa. Bíonn dhá shúil ollmhóra iontu agus bíonn clais dhomhain eatarthu ar chloigeann mór leata. Bíonn féasóg ar a n-aghaidh agus próboscas géar amach as a n-aghaidh. Priocann na cuileanna seo má láimhsítear iad.

Bíonn na cuileanna fásta sa tóir ar fheithidí eile, e.g. dreoilíní teaspaigh, foichí agus beacha. Ionad faire faoi leith a bhíonn ag cuid díobh agus preabann siad amach go mbeireann siad ar a gcreach sa léim. Is ar eite a bhíonn cuid eile ag seilg. Tugann an fheithid uaithi nuair a chailgeann an tSladchuil í. Is dócha gur nimh is cúis leis sin.

Cruth sorcóra a bhíonn ar na larbhaí (1) agus bíonn dhá ribe fhada ar gach aon taobh den chliabhrach. Sa chréafóg, faoi choirteacha crann, in adhmad lofa nó i nduilliúr a chónaíonn siad. Ábhar lofa plandúil a chaitheann siad.

Tá **Asilus crabroniformis** (2) ar cheann de na cuileanna Eorpacha is mó dá bhfuil ann. Is í an chuil is mó ar na hoileáin seo í. Ar fhéarach tirim cailce, i gcoillte péine agus ar fhraoch a bhíonn sí le fáil. Fanann sí lena creach ar chearchaillí adhmaid nó ar an talamh. Bíonn **Dioctria rufipes** (3) coitianta i móinéir agus i bhfálta i gcaitheamh an tsamhraidh. Ar eite a bheireann sé ar a chreach, fearacht roinnt speiceas gaolmhar.

54

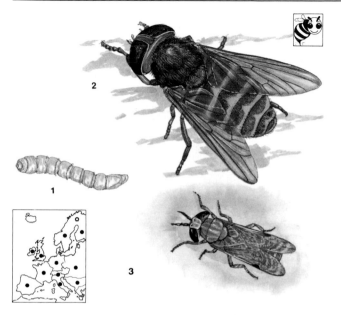

Bíonn na cuileanna seo mín tréan agus iad sách toirtiúil. Bíonn an cloigeann mór agus na súile bolgach agus bíonn dathanna an tuair cheatha le feiceáil iontu. Trí cheap a bhíonn ar a gcosa. Gearr tiubh a bhíonn na hadharcáin. Bíonn geolbhach an bhaineannaigh láidir géar agus priocann sí daoine, capaill, eallach agus fianna.

Bíonn cailg an bhaineannaigh pianmhar. Eitlíonn na cuileanna seo go sciobtha. I gcaitheamh aimsir bhreá an tsamhraidh agus an fhómhair is mó a bhíonn siad thart. Neachtar a chaitheann na fireannaigh ach is annamh a bhíonn siad le feiceáil.

Bíonn na larbhaí mór (1). Baineann trasghearradh cruinn leo agus bíonn a gceann is a gcúl biorach. In áiteanna taise a thagtar orthu, i gcearchaillí lofa, i gcréafóg, faoi chlocha nó in uisce. Is creachadóirí iad a sheilgeann péisteanna agus larbhaí feithidí eile.

I seanfhoraoisí agus ar thalamh féaraigh is mó a fhaightear baill na fine seo. Gar do chapaill agus do bheithigh is coitianta iad. Bíonn na **Creabhair Chapaill** nó na Dochtúirí (2) mór mar is minic iad 25 mm ar fad. Dordán íseal a dhéanann siad ag eitilt dóibh. Is gan torann a dhéanann an **Chlaig** (3) ionsaí. Is í an chailg an rud fúthu is túisce a thugtar faoi deara. Le linn brothaill is mó a bhíonn sí thart.

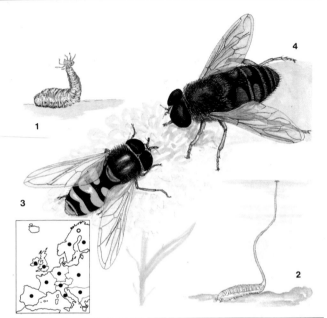

Cuileanna beaga, cuileanna leathmhóra agus cuileanna móra na Beacha Gabhair. Bíonn siad mín agus is minic a bhíonn stríoca dubha agus buí orthu, rud a chuireann dealramh beiche orthu. Is cuid suntais an fhéith bhréige ar gach aon sciathán nach naisceann le féith ar bith eile. Is cuid mhór den chloigeann na súile móra. Próboscas gearr feolmhar a bhíonn orthu.

Cuileanna aclaí scafánta iad a bhíonn ag scinneadh ó áit go háit nó ar foluain san aer. In aice le bláthanna is mó a bhíonn siad le feiceáil, áit a gcaitheann siad pailin agus neachtar. Baineann tábhacht leo mar phailneoirí.

Aifidí agus feithidí a chaitheann a lán de na larbhaí (1). In uisce a lonnaíonn cuid eile díobh, e.g. Cruimheanna Eireaballacha (2). In adhmad lofa a chónaíonn tuilleadh díobh; i neadacha beach, foichí agus seangán a lonnaíonn tuilleadh eile díobh. Bleibíní a ionsaíonn roinnt acu. Is geall le drúchtíní bídeacha iad siúd agus bíonn tosach biorach orthu.

Cuma **beiche** nó **foiche** a bhíonn ar a lán speiceas, e.g. *Syrphus ribesi* (3). Cé gur ar an gcaoi sin a choinníonn na Beacha Gabhair creachadóirí amach uathu féin, níl aon dochar iontu. Is í an **Drónchuil** (4) an leagan fásta den chruimh eireaballach. Níl aon oidhre uirthi ach ladrann na beiche meala. Amhlachas bumbóige a bhíonn ar *Volucella bombylans*. Aithnítear thar bheacha agus thar fhoichí iad ar a n-eitilt fholuaineach phreabach.

Cuileanna ramhra clúmhacha iad seo. Bíonn dronn mhór ar a gcliabhrach agus fean ribí laistiar den orgán cothromaíochta (dála na gConchuileog). Is iarmharach an geolbhach mar nach gcaitheann na feithidí fásta aon bhia.

Bíonn na baineannaigh fhásta thart ar bheithígh agus ar chaoirigh. Ar chosa na mbeithíoch agus i srón na gcaorach a bheireann siad a n-uibheacha. Is mór a chuireann siad isteach ar na hainmhithe a théann chun scaoill uaireanta agus iad ag iarraidh éalú ón gcrá.

Is seadánaigh na larbhaí. I gcaoirigh nó i mba a fhabhraíonn siad. Is mór an dochar a dhéanann siad don bheostoc. Uaireanta is tubaisteach an díobháil a dhéanann siad.

Ar chosa beithíoch a bheireann an **Péarsla** (1) a chuid uibheacha. Téann na larbhaí (na Damhdhaoil) suas chuig droim an ainmhí áit a dtógann siad meallta athlasta (fárthainní). I bpolláirí caorach a chónaíonn larbhaí na **Boiteoigc Caorach** (2). Is mór mar a chránn siad na hainmhithe. Is mó an dealramh a bhíonn ag an m**Boiteog Chapaill** (3) leis an gcuil tí. I bputóga capall a lonnaíonn a gcuid larbhaí.

57

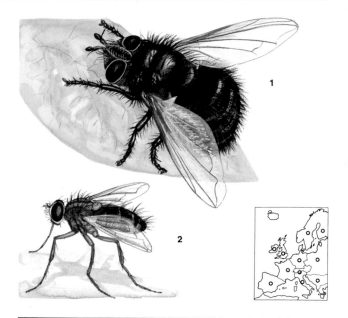

Is cuileanna toirtiúla ramhra iad seo. Bíonn dath leamh orthu agus bíonn a lán ribí móra orthu, ar uachtar an bhoilg go háirithe. Bíonn dronn mhór ar a gcliabhrach, ar ón taobh is fearr a bhíonn sí le feiceáil. Bíonn fean ribí orthu laistiar den orgán cothromaíochta. Bíonn eitilt láidir fúthu.

Is iomaí cineál gnáthóg a thaithíonn na feithídí fásta: móinéir, goirt, gairdíní, coillte agus foraoisí. Tugann siad cuairt ar bhláthanna chun neachtar agus pailin a chaitheamh.

Mar sheadánaigh ar fheithídí eile a mhaireann na larbhaí, i.e. taobh istigh de larbhaí ciaróg agus sábhchuileanna, de bhoilb, de nimfeacha dreoilíní teaspaigh agus frídí. Ar dhuilleoga a bheireann roinnt speiceas a n-uibheacha agus itheann na boilb in éineacht leis an duilleog iad. Ar an óstach a bheireann speicis eile a n-uibheacha nó cuireann siad isteach ann iad. Laistigh den óstach beo a fhabhraíonn na larbhaí.

Is iad na Cuileanna Seadánacha mar aon leis na Foichí Seadánacha na nithe is mó a choinníonn líon na bhfeithídí faoi smacht. Cuma Bumbóige a bhíonn ar **Tachina grossa** (1); is í an Chuil Sheadánach is mó dá bhfuil san Eoraip í agus is i gcoillte agus ar fhraoch a bhíonn sí le fáil. I mboilb a fhabhraíonn na larbhaí. I larbhaí na nDeánna a chónaíonn larbha **Dexia rustica** (2)

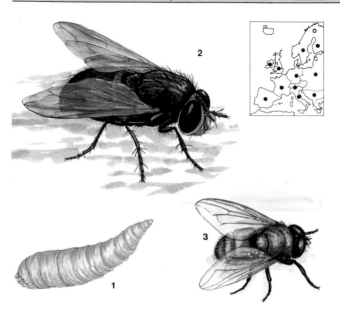

Cuileanna ribeacha iad seo agus loinnir ghorm, ghlas nó dhubh orthu. Bíonn liopa mór ar bhun gach sciatháin. Murab ionann agus na Conchuileoga, ní bhíonn dronn ar chliabhrach na gCarrchuileanna. Bíonn fean ribí laistiar den orgán cothromaíochta, áfach. Dordán torannach a dhéanann siad san eitilt dóibh.

Plandaí lofa agus splíonach a chaitheann na feithidí fásta agus is minic a bhíonn siad le feiceáil ina sluaite timpeall a leithéidí. Meallann feoil amh agus créachtaí oscailte na baineannaigh. Pailin a chaitheann siad freisin, na fireannaigh go háirithe.

Is as uibheacha a bheirtear ar splíonach, ar chac nó thart ar chréachtaí ar ainmhithe beo a thagann formhór na larbhaí (1). Fabhraíonn siad freisin i bhfeoil agus i gcréachtaí, má ligtear dóibh. Aimridíonn siad créachtaí ach coisceann siad cneasú.

Is lotnaid tí agus clóis an **Chuil Ghorm** (2). Tagann sí isteach sna tithe, áit a mbeireann sí uibheacha ar fheoil agus ar bhianna eile a fhágtar leis. Is lasmuigh den teach is mó a thagtar ar an g**Carrchuil Ghlas** (3). Ar splíonach agus ar chac a bheireann sí a huibheacha. Tá gaol acu sin leis an g**Cuil Fheola**, a mbíonn dath dúliath uirthi agus súile dearga inti. Larbhaí beo seachas uibheacha a bheireann an baineannach agus is ar splíonach a bheireann sí iad.

59

Bíonn na cuileanna seo ramhar scafánta. Dath liath nó donn a bhíonn orthu go minic, dath dubh nó buí uaireanta. Bíonn liopa leathan ar bhun gach sciatháin. Cé gur ribeach na feithidí iad de ghnáth, ní bhíonn fean ribí ar bith orthu laistiar den orgán cothromaíochta.

Bíonn na sluaite feithidí fásta le fáil timpeall an tí agus na feirme. Aoileach, cac, neachtar agus bianna a fhágtar leis a chaitheann siad. I gcoillte, ar stoic crann a fhaightear cuid eile; cois farraige a fhaightear tuilleadh eile díobh.

I bhfásra lofa, in aoileach agus i gcac a fhabhraíonn larbhaí (1) a lán speiceas. I gconablaigh agus i mbruscar a fhabhraíonn cuid eile. Plandaí beo a ionsaíonn larbhaí eile.

Is í an **Chuil Tí Choiteann** (2) a scaipeann roinnt mhaith galar agus is ar a cosa a iompraíonn sí iad, e.g. tíofóideach, dinnireacht, calar agus péisteanna boilg. Caitheann an **Chuil Tí Bheag** (3) nó an Chuil Leithris a cuid ama ag fáinneáil thart ar lampaí agus ar nithe eile i dtithe agus i mbialanna. Ní phriocann ceachtar díobh sin.

CUILEANNA TÍ

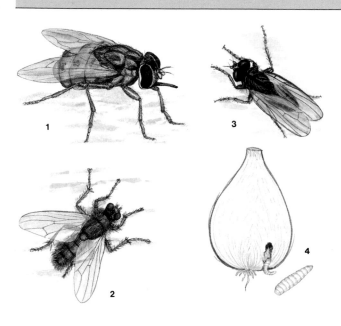

Is baill den fhine seo (*Muscidae*) a lán cuileanna aithnidiúla eile. Bailíonn **Cuileanna Allais** (4 ar an leathanach roimhe seo) thart ar chloigeann siúlóirí sna coillte, nó timpeall beithíoch. Is é an t-allas a mheallann iad mar is nós leo é a dhiúl. Thart ar fheirmeacha agus ar pháirceanna a bhíonn **Cuileanna Stábla** (1) le fáil. Priocann siad sin. I gcarnáin de thuí lofa agus in aoileach a fhabhraíonn na larbhaí. Bíonn cuileanna clúmhacha buí le feiceáil go coitianta ar bhualtrach bó. Is éard a bhíonn iontu na fireannaigh a bhaineann leis an **gCuil Bhuí** (2) agus iad ag feitheamh leis na baineannaigh, a bhéarfaidh a gcuid uibheacha sa chac. Ní bhíonn na baineannaigh chomh clúmhach leis na fireannaigh agus dath liathghlas a bhíonn orthu.

Goibneacha

Fofhine iad seo de na cuileanna tí. Tuairim 150 speiceas a bhíonn le fáil ar na hoileáin seo. Is tanaí dorcha na cuileanna iad agus is cuibheasach fada na cosa a bhíonn fúthu. Plandaí lofa nó fungais a chaitheann mórán de na larbhaí. Tá speicis eile ann agus is plandaí beo a ionsaíonn siad. Is lotnaidí cuid díobh sin. Oinniúin a chaitheann na cruimheanna (4) a bhaineann leis an **gCuil Oinniún** (3). Fréamh an chabáiste, na cóilise, etc. a chaitheann cruimheanna na Cuile Cabáiste. Gránbharra a ionsaíonn larbhaí na Cuile Cruithneachta.

61

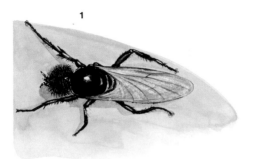

Bibíní

18 speiceas atá le fáil ar na hoileáin seo.
Dubh giobach a bhíonn na cuileanna
seo agus is amach faoin dá shúil a
thagann na hadharcáin ghearra. In
áiteanna féarmhara san earrach is
coitianta na feithidí fásta. Is é **Bibín
Mharcais** (1) an speiceas is mó agus
fad 13 mm ann uaireanta. Timpeall Lá
San Marcas (25 Aibreán) a bhíonn sé
thart. Is go támáilte a eitlíonn na
fireannaigh agus a gcosa ar liobarna.
Bíonn siad sa tóir ar na baineannaigh a
bhíonn ina suí san fhéar. Is cosúil leo
sin an Chuil Fhiabhrais ach gur lú í. Is
ionann a nósanna. Sa chréafóg a
lonnaíonn na larbhaí agus is
fréamhacha a chaitheann siad.

Eimpidí

Breis is 300 speiceas atá le fáil ar na
hoileáin seo.
Is cuileanna ribeacha beaga nó
leathmhóra iad seo. 12 mm ar fad a
bhíonn cuid díobh. Caol a bhíonn a
muineál agus is beag nach sféar foirfe a
gcloigeann. Is minic cosa tiubha fúthu.
Righin géar a bpróboscas agus
is ceartingearach anuas a théann sé ina
lán speiceas. Chun an súlach a shúrac
as feithidí eile a úsáidtear an próboscas.
Cuileanna eile is mó a ionsaítear. Is nós
leis na hEimpidí bailiú le chéile ina
scaotha fearacht na míoltóg. I gcréafóg,
in adhmad lofa nó in uisce a chónaíonn
na larbhaí. Is mór an chuil í **Emphis
tessellata** (2) agus is ar bhláthanna na
sceiche gile a bhíonn sí le feiceáil go
minic, nó ar phlandaí d'fhine an
mheacain dheirg.

Beach-chuileanna

Tuairim 12 speiceas atá le fáil ar na
hoileáin seo. Is ramhar clúmhach na
cuileanna iad, 12 mm ar fad ar a
mhéad. Cosúlacht bumbóige scafánta a
bhíonn orthu. Cosa fada tanaí a bhíonn
fúthu agus geolbhach ar dhul
próboscais, cé nach bpriocann siad.
Leata amach a bhíonn na sciatháin
nuair a bhíonn siad ag ligean a scíthe. Is
nós leis na feithidí seo a bheith ar
foluain san aer gan chorraí, cé is moite
de mhearchreathadh na sciathán.
Imíonn siad de phreab má chuirtear
isteach orthu. Os cionn talaimh loim nó
thart ar bhláthanna a bhíonn siad le
feiceáil. Ar dhuilleoga nó ar an talamh a
ligeann siad a scíth. Is seadánaigh na
larbhaí ar fheithidí eile, e.g. boilb,
beacha, foichí agus cuileanna eile.
Bíonn an **Bheach-chuil Choiteann**
(1) coitianta ar Mhór-roinn na hEorpa
agus i ndeisceart Shasana.

Cuileanna Naoscaí

18 speiceas atá le fáil ar na hoileáin seo.
Ní hionann gach speiceas ó thaobh
méide de, i.e. idir a bheith bheag agus a
bheith cuibheasach mór. Cuileanna
cosfhada caola iad. Is minic dath buí nó
donn orthu. Trí cheap a bhíonn ar a
gcosa. I gcoillearnach is mó a thagtar ar
an g**Cuil Naoscaí Choiteann** (2). Fad
18 mm a bhíonn inti uaireanta. Is
bunoscionn a ligeann na fireannaigh a
scíth ar thamhain crann nó ar fhálta
adhmaid. Déanann siad eitilt thobann
phreabach. Fada breacbhán a bhíonn
na larbhaí agus is i gcréafóg nó i
nduilliúr feoite a thagtar orthu. Feithidí
agus miondúile eile a chaitheann siad.

Cuileanna Cosfhada

Breis is 250 speiceas atá le fáil ar na
hoileáin seo. Is cuileanna beaga
ribeacha iad agus iad 7 mm ar fad ar a
mhéad. Bíonn cosa fada orthu. Bíonn
loinnir mhiotalach ghorm nó ghlas
orthu. Bíonn siad coitianta in áiteanna
taise in aice le huisce, i móinéir bhoga, i
riasca agus ar bhruacha sruthán. Is nós
leo scinneadh ar láib nó ar an uisce fiú
amháin. Is feoiliteoirí idir larbhaí agus
fheithidí fásta. Feithidí beaga a
chaitheann siad. In áiteanna fliucha a
chónaíonn na cruimheanna. Bíonn
Poecilobothrus nobilitatus (1)
coitianta thart ar linnte, go háirithe
orthu sin a bhíonn clúdaithe le ros
lachan. Is ollmhór ornáideach na baill
ghiniúna a bhíonn ar na fireannaigh,
tréith a shonraítear ar a lán speiceas den
fhine seo.

Cladóirí is Ceilpeadóirí

Thart ar 120 speiceas **Cladóirí** (2) atá
le fáil ar na hoileáin seo. Is cuileanna
beaga dorcha iad, 8 mm ar fad ar a
mhéad; bíonn sluaite díobh le fáil ar
dhromchla an uisce gar don bhruach ar
locháin, ar shrutháin agus i riasca nó
cois farraige. Is éard a chaitheann siad
feithidí eile a théann i bhfostú i
gcraiceann an uisce. 7 speiceas
Ceilpeadóirí (3) atá le fáil ar na
hoileáin seo. Is cuileanna ribeacha leata
iad, 8 mm ar fad ar a mhéad. Tagtar ar
shluaite díobh go minic ar bhláthanna
thart ar an gcósta, ar fheamainn ar an
gcladach nó ar thránna.

Gálchuileanna

Breis is 70 speiceas atá le fáil ar na hoileáin seo.

Is cuileanna beaga iad, thart ar 5 mm ar fad, a mbíonn gréasáin orndáideacha ar a sciatháin. Bíonn bolg an bhaineannaigh biorach agus a hubhlonnaitheoir righin. Is nós leis na fireannaigh suí ar dhuilleoga agus a sciatháin a oscailt agus a dhúnadh d'fhonn na baineannaigh a mhealladh chucu. Is cruimheanna geala na larbhaí agus is i mbláthanna, i dtorthaí agus i ngais a lán plandaí a bhíonn siad le fáil. Is lotnaidí ar bharra talmhaíochta cuid díobh, e.g. an Chuil Soilire agus an Chuil Torthaí Mheánmhuirí. Déanann a lán díobh gáil ar phlandaí d'fhine an nóinín go háirithe. Cuireann na larbhaí a bhaineann leis an n**Gálchuil Fheochadáin** (1) gáil ar ghas an fheochadáin mhóna agus an fheochadáin cholgaigh (2).

Cuileanna Fínéagair

Breis is 50 speiceas atá le fáil ar na hoileáin seo. Is cuileanna beaga iad, thart ar 5 mm ar fad. Is thart ar thorthaí a bhíonn ag lobhadh agus ag coipeadh i mbialanna, i monarchana suibhe, i ngrúdlanna, i dtithe ósta, etc. a thagtar orthu. Gabháil a chaitheann siad mar aon le neachtar bláthanna agus súlach crann. Is cruimheanna breacgheala na larbhaí (3) a dhéanann poill isteach i dtorthaí coipeacha nó i bhfungais chun gabháil agus baictéir a ithe. Bíonn an **Mheaschuil Saotharlainne** (4) buí nó donn. Fearacht a lán speiceas gaolmhar bíonn sí coitianta mar fheithid fhiáin. Ina theannta sin baineann taighdeoirí feidhm aisti chun an oidhreachtúlacht a iniúchadh.

65

CIARÓGA Coleoptera	
4000 speiceas atá le fáil ar na hoileáin seo	0.5-25 mm de ghnáth

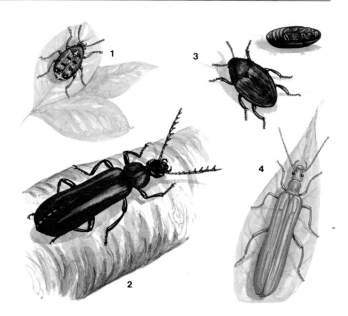

Is cuid suntais iad na feithidí seo mar is crua nó leathrach a bhíonn a sciatháin tosaigh (na cumhdaigh sciathán) agus tagann siad le chéile ina líne dhíreach i lár an droma. Bíonn na sciatháin deiridh scannánacha agus baintear feidhm astu sin chun eitilte. Is faoi na cumhdaigh a fhilltear na sciatháin chúil nuair is ag ligean a scíthe a bhíonn an fheithid. 11 deighleog a bhíonn sna hadharcáin go hiondúil.

Is san uisce a chónaíonn ciaróga áirithe, ach in adhmad a chónaíonn cuid eile díobh. Cuid eile fós is i bhfungais nó ar bhláthanna a thagtar orthu. Is lotnaidí tí roinnt ciaróg. Baineann na ciaróga greamanna lena ngeolbhach; plandaí a chaitheann a lán díobh. Feithidí, drúchtíní, etc. a sheilgeann mórán eile.

Cloigeann crua feiceálach a bhíonn ar an larbha mar aon le cliabhrach agus bolg crua nó bog. Bíonn adharcáin agus cosa dea-chumtha ar na larbhaí más creachadóirí scafánta iad. Más tolladóirí créafóige nó adhmaid na larbhaí, cruth cruimhe a bhíonn ar a gcolainn bhog agus ní bhíonn cosa orthu.

Is iad na ciaróga an t-ord ainmhithe is líonmhaire dá bhfuil ann. Breis is 300,000 speiceas atá le fáil ar an domhan uile. Sa phictiúr thuas tá an **Meagán** (1) léirithe, a bhfabhraíonn a larbhaí i bpíseanna; an **Ceardán Craorag** (2), a bhíonn le feiceáil ar sheanchrainn agus ar bhláthanna; *Byrrhus pilula* (3) a ligeann air féin gur marbh atá sé nuair a chuirtear isteach air; agus *Oncomera femorata* (4), a bhíonn le feiceáil ar bhláthanna go minic.

66

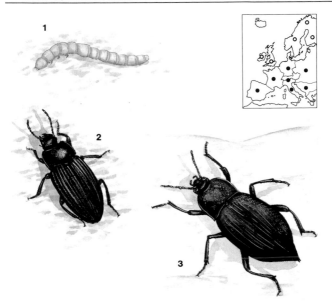

Bíonn colainn na gciaróg crua ubhchruthach nó leathfhada. Is minic amscaí támáilte sa siúl iad. Dath dubh nó dúdhonn a bhíonn ar a bhformhór. Bíonn comharthaíocht dhearg ar chuid díobh. Bíonn stríoca nó garbhadas ar na cumhdaigh sciathán go minic. Dul ar tsnáithe nó coirníní a bhíonn ar na hadharcáin agus ní fheiceann an té a fhéachann anuas ar an gciaróg cá bhfuil a mbun.

San oíche a bhíonn siad gníomhach go hiondúil. Ní hionann gach cineál ciaróige sa ghrúpa seo. In ábhar lofa plandúil nó i bhfungais a chónaíonn cuid acu nó faoi choirt is faoi dhuilleoga nó i siléir. Is lotnaidí i mbiastórais roinnt díobh. Is iomaí sin dúdhaol nach mbíonn eitilt aige, toisc na cumhdaigh sciathán a bheith do-bhogtha.

Is scroblachóirí na larbhaí dála a lán de na feithidí fásta. Is mar a chéile áit chónaithe agus bia na larbhaí agus na bhfeithidí fásta go minic. Cruth sorcóra a bhíonn ar na larbhaí agus iad lonrach. Sampla maith an **Mhinphéist** (1), ar lotnaid ar ghrán stóráilte í. Tugtar minphéisteanna mar bhia uaireanta do dhébheathaigh agus do reiptilí atá á gcoinneáil ina bpeataí.

I stórais phlúir agus i muilte a thagtar ar chiaróg na **Minphéiste** (2) agus ar an gCiaróg Phlúir, ar lú í agus ar éadroime a dath. Ní bhíonn aon eitilt ag a lán speiceas agus áirítear an **Chiaróg Reilige** (3) ar na cinn is mó díobh. I siléir agus in uaimheanna a chónaíonn sí. Má chuirtear isteach uirthi is amhlaidh a chuireann sí boladh bréan aisti.

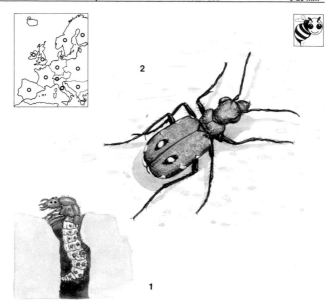

2

1

Ciaróga scafánta iad seo a mbíonn a gcolainn fada sorcóireach agus spreangaidí cos fúthu. Dath miotalach uaine nó donn ar a lán acu mar aon le comharthaíocht de dhathanna éadroma. Bíonn an cloigeann agus na súile mór agus iad chomh leathan leis an scaball ach níos cúinge ná na cumhdaigh sciathán. Cruth snáithe a bhíonn ar na hadharcáin agus is amach as mullach an chinn a thagann siad.

Sa lá a bhíonn siad thart. In áiteanna tirime gainmheacha is mó a bhíonn siad le fáil, e.g. i gcoillte agus ar fhraoch. Sealgairí beoga sciobtha iad. Téann siad ar eite ar feadh achair ghearr má chuirtear isteach orthu. Priocann siad má láimhsítear go neamhairdeallach iad.

Is cruimheanna fada scothbhána na larbhaí (1) a mbíonn ceann mór orthu agus gialla láidre. I dtolláin ingearacha sa talamh a chónaíonn siad. Fanann siad ag barr an tolláin go dtaga feithidí eile in aice leo. Scinneann na larbhaí amach ansin go mbeireann siad ar an gcreach.

In áiteanna gainmheacha le linn an tsamhraidh a thagtar ar an g**Ciaróg Thíograch Uaine** (2), i.e. ar fhraoch, ar dhumhcha agus ar chósáin i gcoillte. Ar fud Mhór-roinn na hEorpa agus na Breataine a bhíonn sí le fáil. Dath na cré-umha, dath liathchorcra nó dath uaine agus líocha an tuair cheatha tríd an dath a bhíonn ar an gCiaróg Thíograch Choille. Ar fud thuaisceart agus lár na hEorpa a thagtar uirthi i gcoillte gainmheacha péine nó ar fhraoch. Bíonn sí gann sa Bhreatain.

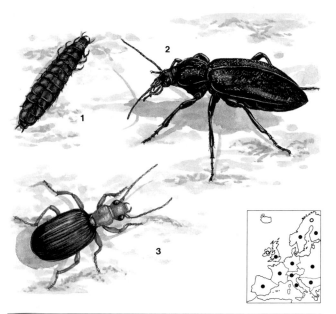

Ciaróga fada iad seo a mbíonn a gcolainn leata agus cosa fada sporacha fúthu. Dath dubh a bhíonn ar a bhformhór ach tá corrcheann ann a mbíonn dathanna glé nó loinnir mhiotalach air. Is cúinge an scaball ná na cumhdaigh sciathán go minic agus is leithne an scaball ná an cloigeann. Dul an tsnáithe a bhíonn ar na hadharcáin agus is amach as taobh an chinn a thagann siad.

San oíche is mó a bhíonn siad gníomhach. Is annamh na feithidí fásta ar eite ach is tapa an rith a bhíonn fúthu. Téann siad i bhfolach go minic faoi chlocha, faoi bhruscar nó faoi chearchaillí adhmaid. Bíonn siad sa tóir ar chreach, e.g. lotnaidí ar nós bolb agus drúchtíní. Plandaí agus splíonach a chaitheann cuid díobh freisin.

Bíonn colainn an larbha (1) fada leata agus bíonn cosa feiceálacha agus gialla géara orthu. I dtolláin faoin talamh a chónaíonn siad nó bíonn siad faoi cheilt sna háiteanna céanna a mbíonn na feithidí aibí i bhfolach. Dála na gciaróg lánfhorbartha is creachadóirí gníomhacha iad.

Bíonn an **Chlotóg Chorcra** (2) sa tóir ar dhrúchtíní i gcoillte agus i ngairdíní. Is nós leis na **Ciaróga Rúisceacha** (3) nimh a scairdeadh as faireoga na tóna chun iad féin a chosaint. Tá roinnt speiceas gaolmhar ar Mhór-roinn na hEorpa agus tá ceann acu i gceantair chailce i ndeisceart Shasana. Bíonn na Clotóga den ghéineas *Pterostichus* an-choitianta i ngairdíní, i ngoirt agus i siléir. Faoi chlocha is mó a thagtar orthu.

69

1

2

3

Ciaróga fada caola iad seo a mbíonn a dhá dtaobh comhthreomhar le chéile. Bíonn a gcumhdaigh sciathán gearr agus bíonn formhór a mboilg leis dá bharr. Bíonn a mbolg solúbtha agus ardaíonn an chiaróg é, go háirithe nuair a chuirtear isteach uirthi. Dathanna leamha a bhíonn ar an bhFándaol; dubh an dath is coitianta. Bíonn loinnir ar a lán díobh. Cuma an tsnáithe a bhíonn ar na hadharcáin.

Ar splíonach, ar aoileach, ar fhungais, ar ábhar lofa plandúil, faoi chlocha, faoi chearchaillí adhmaid, i mbruscar, in áiteanna boga agus i neadacha seangán a thagtar ar na Fándaoil. Is creachadóirí ar fheithidí eile a bhformhór. Bíonn rith agus eitilt láidir fúthu.

Bíonn dealramh ag na larbhaí (**1**) leis na ciaróga fásta ach nach mbíonn sciatháin orthu. Dála na bhfeithidí fásta is creachadóirí iad. Sna cineálacha céanna áiteanna a thagtar orthu freisin.

Is faoi chlocha agus faoi smionagar i gcoillte agus i ngairdíní a thagtar ar an **Deargadaol** (**2**). Tá sé ar cheann de na fándaoil is mó dá bhfuil ann. Ardaíonn sé a eireaball nuair a scanraíonn sé. Bíonn **Paederus littoralis** (**3**) an-bheag ach is suaithinseach na dathanna a bhíonn air. Ní bhíonn eitilt faoi. I móinéir bhoga agus gar d'uisce a chónaíonn sé.

1

2

3

Bíonn formhór na gciaróg seo dorcha toirtiúil. Bíonn comharthaíocht fhlannbhuí ar chuid acu. Is minic a gcolainn leata scothbhog agus na cumhdaigh sciathán gearr sa chaoi go mbíonn cúl an bhoilg le feiceáil. Bíonn millín ar bharr an adharcáin.

Is in aice le corpáin luch, éan, etc. a thagtar ar a lán díobh, mar is é sin a gcaitheann siad. Déanann cuid díobh na corpáin a adhlacadh. Fungais agus plandaí lofa a chaitheann cuid eile acu. Is creachadóirí roinnt díobh. Is maith an eitilt a bhíonn faoina bhformhór agus meallann soilse san oíche iad.

Dála na bhfeithidí fásta is nós le mórán de na larbhaí splíonach a chaitheamh. Baineann trí chéim le larbha na Gailtine. Gníomhach a bhíonn an chéad chéim agus cosa dea-chumtha uirthi (1). Cuma cruimhe a bhíonn ar an tríú céim. Cuma cláirsí (i.e. an crústach) a bhíonn ar larbha na nGailtean Splíonaigh.

Is sampla maith an **Ghailtean Choiteann** de roinnt speiceas gaolmhar; dubh ar fad a bhíonn speicis eile. Is trína bholadh a aimsíonn fireannaigh agus baineannaigh ablach. Cuireann an chéad lánúin an ruaig ar a dtagann ina ndiaidh. Beireann an chráin a cuid uibheacha in aice leis an gcorp agus beathaíonn sí na larbhaí go ceann tamaill. I gcoillte darach a chónaíonn an **Ghailtean Cheathairbhallach** (3), áit a gcaitheann sí boilb leamhan.

71

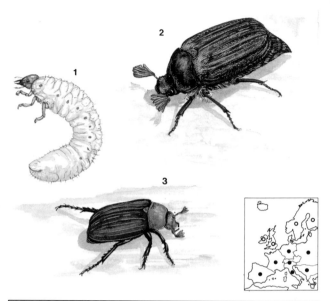

Ciaróga gearra ramhra dronnacha iad seo den chuid is mó agus cloigeann mór orthu. Is cuid suntais iad na hadharcáin mar bíonn uillinn iontu agus cuircín 7-11 de stiallacha duilleacha ar a mbarr. Bíonn dathanna éagsúla ar na ciaróga seo, e.g. donn lachna, uaine nó gorm miotalach. Bíonn comharthaíocht ghléineach ar chuid díobh.

Duilliúr, pailin, súlach crann nó torthaí a chaitheann a lán de na ciaróga fásta agus is ar phlandaí a thagtar orthu dá bharr sin. Is lotnaidí ar bharra feirme cuid díobh. Fungais, fásra lofa nó cac a chaitheann cuid eile.

Cruth corráin a bhíonn ar na larbhaí (1) go hiondúil agus bíonn a gcolainn bán agus a gcloigeann donn. Is iomaí cineál gnáthóige a thaithíonn siad; sa talamh a chónaíonn cuid díobh agus milleann siad faichí agus barra trí na fréamhacha a chreimeadh. In aoileach, i splíonach, faoi choirt crann agus i bhfásra lofa a chónaíonn cuid eile díobh.

Is éagsúil an fhine í seo mar áirítear Scaraba, Deánna agus Priompalláin uirthi. Tá an **Cearnamhán** nó an **Durdalán** (2) ar cheann de na Deánna is mó. Tráthnóna a bhíonn sé ar eite i Mí na Bealtaine is i Mí an Mheithimh. Is sia amach sa samhradh a bhíonn an **Deá Garraí** (3) thart. In áiteanna tirime féarmhara nó gar do thoir is mó a bhíonn siad. Thart ar bhláthanna (rósanna san áireamh) a bhíonn an Deá Róis uaine.

CIARÓGA AOILIGH

Scaraba Aoiligh

Dath dubh, odhar nó uaine a bhíonn orthu seo go hiondúil. Bíonn beanna ar roinnt de na fireannaigh. Is sa chac a itheann siad nó in aice leis a thagtar orthu. Is iomaí ball den ghéineas *Aphodius* a bhíonn le fáil i móinéir agus ar thalamh féaraigh ar Mhór-roinn na hEorpa agus sa Bhreatain. Orthu sin áirítear *A. fimitarius* (1) agus *A. rufipes* a bhíonn dubh ar fad. In aoileach bó, caorach agus capall a bhíonn siad le fáil. Maidir leis an speiceas *Copris lunarius* (2), déanann idir fhireannaigh agus bhaineannaigh tolláin faoi bhualtrach bó. Beireann na baineannaigh uibheacha agus déantar faire orthu go mbeidh siad réidh chun na tolláin a fhágáil.

Priompalláin

Ocht speiceas atá le fáil ar na hoileáin seo. Bíonn na ciaróga seo mór dubh agus dathanna an tuair cheatha le sonrú ar a loinnir. 10-25 mm ar fad a bhíonn siad. Trí stiall agus iad ceangailte le chéile ar barr a bhíonn ar na hadharcáin. Bíonn spící tréana ar na géaga tosaigh a úsáidtear chun tochailte. Déanann na ciaróga fásta tolláin faoi chac agus tarraingíonn siad meallta caca isteach iontu. Beirtear ubh ar an meall caca. Aoileach a chaitheann idir larbhaí agus ciaróga fásta. Is coitianta an feic an **Cloigín** (3) ar chac bó nó ar eite tráthnóna. Is minic é breac le fineoga.

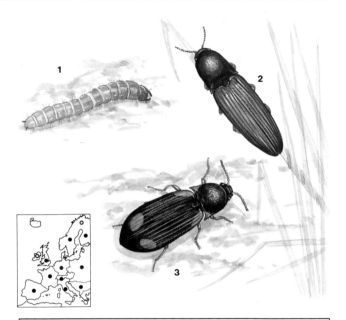

Is cuid suntais na ciaróga iad seo toisc gur féidir leo iad féin a chaitheamh in airde más ar a ndroim a thiteann siad. Tiontaíonn siad thart uair nó dhó san aer sa chaoi go n-éiríonn leo go minic tuirlingt ar a gcosa. Mura n-éirí leo, féachann siad an cleas arís. Bíonn a gcolainn fada leata agus dath leamh dubh nó donn orthu go hiondúil.

Is ar dhuilliúr agus ar bhláthanna plandaí agus tor, in adhmad lofa nó faoi choirt crann a chónaíonn na ciaróga fásta. Ní chaitheann a lán acu bia ar bith. Duilleoga, pailin agus neachtar a chaitheann cuid eile.

Caocha Rua (nó **Soráin**) a thugtar ar na larbhaí (**1**). Bíonn a gcolainn crua lonrach, donn nó buí agus cruth sorcóireach a bhíonn orthu. Sa chré is mó a chónaíonn siad agus síolta agus fréamhacha a chaitheann siad. Is lotnaidí ar arbhar agus ar bharra eile mórán díobh. Is creachadóirí cuid eile acu ar in adhmad lofa nó faoi choirt crann a chónaíonn siad.

Ar thalamh féaraigh agus curaíochta a fhaightear **Máirín na Smeach** (*Agriotes lineatus*) (**2**), áit a milleann na larbhaí meacain go minic. I gcoillte agus i bhfálta sceach a chónaíonn a lán speiceas gaolmhar. Spotaí móra daite a bhíonn ar chumhdaigh sciathán cuid díobh, e.g. *Oedostethus 4-pustulatus* (**3**). Faoi chlocha in áiteanna féarmhara boga a thagtar air sin.

Ciaróga fada iad seo agus bíonn a dhá dtaobh comhthreomhar a bheag nó a mhór. Bíonn a gcolainn bog agus cumhdaigh leathracha chlúmhacha sciathán orthu ar boige iad ná cumhdaigh a lán ciaróg eile. Is minic dath rua orthu cé gur dubh a bhíonn na cumhdaigh go minic. Ní théann an scaball amach thar a gceann.

Ar bhláthanna agus ar dhuilliúr a thagtar ar na Moltáin, go háirithe ar bhaill d'fhinte an nóinín agus an mheacain dheirg. Bíonn siad ar dhriseacha, I bhfálta beo, i gcoillte agus ar thalamh féaraigh freisin. Is creachadóirí iad agus feithidí eile a chaitheann siad. Is maith an eitilt a bhíonn fúthu.

Clúdach dlúthribí a bhíonn ar na larbhaí (1) rud a chuireann cuma na veilbhite orthu. Is minic dath dorcha orthu. Is creachadóirí iad agus ar an talamh a chónaíonn siad, faoi chlocha, i gcaonach agus i smionagar. Beireann siad ar fheithidí boga ar nós bolb agus cruimheanna. Caitheann siad seilidí agus drúchtíní freisin.

Bíonn na **Moltáin** (2) coitianta ar bhláthanna agus ar thoir. Ceapann daoine gur súmairí iad i ngeall ar a gcolainn a bheith rua ach níl dochar ar bith iontu. Tá roinnt speiceas ann atá cosúil leis an Moltán Coiteann ach iad a bheith níos toirtiúla. Cumhdaigh bhuí nó dhubha a bhíonn ar speicis eile, e.g. **Cantharis rustica** (3).

75

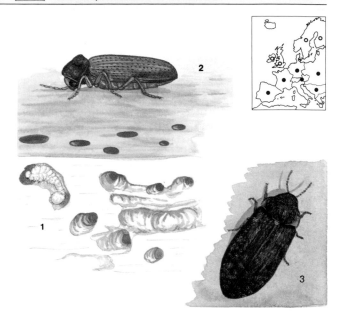

Is ciaróga beaga dúdhonna nó dubha iad seo. Is minic a gcolainn fada sorcóireach cé go mbíonn sí ubhchruthach uaireanta. Is féidir leo a gcosa a fháisceadh go dlúth lena gcolainn. Scaball leathnaithe a bhíonn orthu a dhéanann cochall thar an gcloigeann. Is fada leata a bhíonn na trí dheighleog ar bharr na n-adharcán.

I seanchoillte a mbíonn a lán crann marbh iontu nó i dtithe is dóichí a gheofar na ciaróga seo. Ligeann siad orthu féin gur marbh atá siad nuair a chuirtear isteach orthu. Fanann siad gan chorraí agus tarraingíonn siad a gcosa isteach gar dá gcolainn. Is minic nach dtugtar faoi deara iad dá bharr sin.

Déanann na larbhaí tolláin in adhmad foirgneamh, i mbaill troscáin nó i gcrainn mharbha. Fágann siad carnáin de phúdar mín adhmaid lasmuigh. Is minic a bhaineann contúirt le hadhmad foirgneamh de bharr a gcuid tollán, mar déanann siad mionrabh de. Is trí phoill bheaga a thagann na feithidí fásta amach. Is iad na **Réadáin** (1) larbhaí an Mhíl Chríon.

Ionsaíonn larbhaí na **Míolta Críona** (2) agus na g**Ciaróg Oíche** (3) nó na g**Cloigíní Meilge** baill troscáin, nó giarsaí, rachtaí, etc. i seantithe. Cnagaireacht a dhéanann na ciaróga fásta mar amhrán suirí, cé go ndeir daoine piseogacha gur tuar báis sa teach a bhíonn ann. I nglasraí tirime, i spíosraí agus i dtobac in éineacht lena larbhaí a chónaíonn Ciaróga Brioscaí agus Ciaróga Tobac.

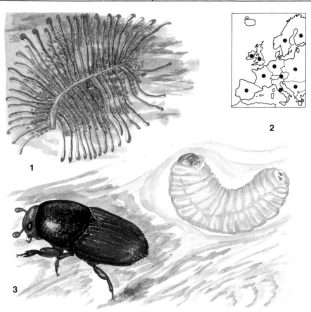

Is ciaróga fada dubha nó donna iad seo a mbíonn cruth sorcóireach orthu agus strioca ar a gcumhdaigh sciathán. Bíonn na hadharcáin gearr go hiondúil agus bíonn uillinn iontu agus meall mór ar a mbarr. Gréasán suntasach faoi leith (1) a dhéanann larbhaí na speiceas éagsúil agus iad ag tolladh adhmaid.

Crainn a ionsaíonn a lán Ciaróg Coirte agus déanann siad tolláin chasta faoin gcoirt. Is isteach san adhmad i lár an chrainn a théann cuid acu. Bíonn na tolláin líneáilte le fungas agus is éan fungas a chaitheann siad.

Beag scothbhán a bhíonn na larbhaí (2), iad gan chosa agus cruth corráin orthu. Sna tolláin a théann go dronuilleach ó tholláin na gciaróg fásta a thagtar orthu go hiondúil. Is ionann bia na larbhaí agus bia na gciaróg fásta.

Scaipeann na **Ciaróga Leamháin** (3) fásta Galar Dúitseach Leamháin, galar fungasach a rinne slad ar fhormhór chrainn leamhán na n-oileán seo agus Mhór-roinn na hEorpa. Fuinseoga galraithe nó tite a ionsaíonn an Chiaróg Fhuinseoige. Crainn phéine, etc. a ionsaíonn speicis eile. Isteach i lár adhmaid chrann darach agus chrann castáin a thollann *Xyleborus dryographus*.

77

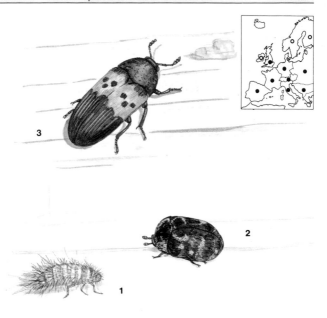

CIARÓGA OLLA & CIARÓGA LARDRÚIS

Tuairim 14 speiceas atá le fáil ar na hoileáin seo

Dermestidae

1.5-10 mm

Is ciaróga beaga donna nó dubha iad seo. Bíonn a gcolainn caol agus í clúdaithe le gainní nó le ribí bánliatha a imíonn di go héasca. Má chuirtear isteach ar na ciaróga seo ligeann siad orthu féin go bhfuil siad marbh agus tarraingíonn siad idir chosa agus adharcáin isteach faoin gcolainn. Bíonn na hadharcáin gearr agus meallta ar a mbarr.

Is scroblachóirí na ciaróga fásta ar sheithe agus ar fhionnadh conablaigh. Is lotnaid i dtithe iad freisin, áit a gcaitheann siad bia stóráilte, olann, fionnadh, cleití, feoil, etc. Is lotnaid in iarsmalanna cuid díobh, agus itheann siad ainmhithe stuáilte.

Cuma cruimhe clúmhaí a bhíonn ar na larbhaí agus bíonn siad an-ghníomhach; ribí fada donna a bhíonn ar chuid acu (1). Ó thaobh nósanna de is mar a chéile a bhformhór agus na ciaróga fásta. Bíonn go leor acu díobhálach.

Ar bhláthanna agus i bhfuinneoga a thagtar ar **Chiaróga Olla** (2) go minic; milleann na larbhaí clúmhacha (1) brait urláir, fionnadh agus éadach. Mamaigh stuáilte agus bailiúcháin feithidí a ionsaíonn na Ciaróga Iarsmalainne. Splíonach a chaitheann **Ciaróga Lardrúis** (3) in áiteanna fiáine ach is lotnaid sa teach iad. Bianna triomaithe, seithí agus éadach a chaitheann na larbhaí.

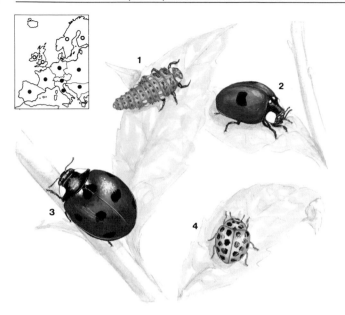

Cruinn nó ubhchruthach ar dhul leathsféir a bhíonn colainn na bhfeithidí seo. Dathanna gléineacha a bhíonn orthu, dearg is buí nó dubh is donn; bíonn spotaí bána, dearga nó buí orthu freisin. Clúdaíonn an scaball an cloigeann ar fad nó cuid de. Meall trídhuilleach a bhíonn le feiceáil ar bharr na n-adharcán.

Is creachadóirí a bhformhór seo mar is aifidí agus lotnaidí eile a chaitheann siad. Ar phlandaí a bhíonn na ciaróga seo cibé uair a mbíonn a gcreach ann. Plandaí a chaitheann corrspeiceas. Is nós leis na Bóiní Dé an geimhreadh a chaitheamh ina sluaite móra uaireanta.

Ní hionann gach cineál larbha. Cuid acu bíonn spící duaithníochta orthu; dath dorcha a bhíonn ar bhformhór na roinnt díobh nó dath éadrom agus cuma na céarach air. Dála na gciaróg fásta is creachadóirí formhór na larbhaí agus is iad na feithidí céanna a itheann siad. In aice le coilíneacht den speiceas creiche is ea a bheireann an baineannach a cuid uibheacha.

D'fhéadfadh a oiread agus 14 bhall a bheith ar na Bóiní Dé aithnidiúla dearga. Orthu sin áirítear an **Bhóín Dé Dhébhallach** (2), a bhíonn dearg agus spotaí dubha uirthi nó dubh agus spotaí dearga uirthi agus an **Bhóín Dé Sheachtbhallach** (3). Is ciaróg bheag bhuí **Bóín Dé an Dá Bhall Fhichead** (4) ar a mbíonn go leor spotaí dubha. Bíonn sí le fáil ar phlandaí go minic. Caonach liath a chaitheann sí.

79

CIARÓGA FADADHARCACHA
Cerambycidae

Tuairim 70 speiceas atá le fáil ar na hoileáin seo

3-60 mm

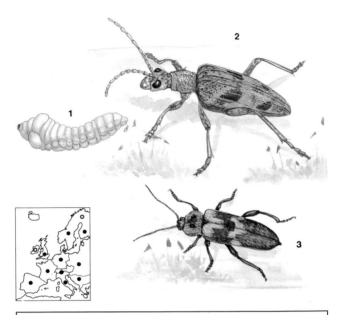

Ciaróga fada sorcóireacha iad seo. Bíonn a lán díobh mór daite. Tá an-dealramh ag cuid acu le feithidí eile. Is cuid suntais na hadharcáin a bhíonn leath chomh fada leis an gcolainn ar an gcuid is lú de. Is faide faoi thrí uaireanta ná an cholainn adharcáin a lán speiceas. Téann an tsúil timpeall cuid de bhun an adharcáin go minic.

Sa lá a fheictear a lán díobh seo, gar do chrainn nó do bhláthanna. Pailin a chaitheann siad. Bíonn siad scafánta ag gluaiseacht agus ag eitilt. Má chuirtear isteach orthu fanann siad gan chorraí. Má ardaítear iad, ligeann siad gíog. Is istoíche a thagann cuid eile díobh amach agus is i bhfolach a bhíonn siad i rith an lae.

Dath geal agus cruth fada a bhíonn ar na larbhaí (1). Cloigeann donn a bhíonn orthu agus gialla láidre. Is iarmharach na cosa. Tollann a bhformhór isteach in adhmad. Déanann siad poill i gcoirt an chrainn agus bíonn mionrabh le feiceáil timpeall bhéal na bpoll. Is lotnaid i gcoillte agus in úlloird a lán díobh. In adhmad lofa agus i bplandaí glasa a chónaíonn cuid eile acu.

Is fine mhór í seo a n-áirítear baill shuntasacha uirthi. Bíonn ciaróga fásta dála *Rhagium mordax* (2) le feiceáil sa samhradh in aice le crainn agus bláthanna go minic. Faoi choirt crann duillsilteach a chónaíonn cuid larbhaí. Is lotnaid an **Chiaróg Fhadadharcach Tí** (3) a dtollann a cuid larbhaí isteach i gcuaillí teileagraif agus in adhmad foirgnithe.

80

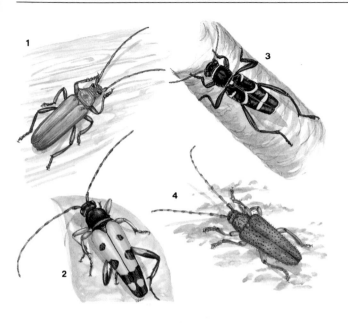

Ar bhláthanna agus ar chrainn sailí a bhíonn na **Musc-Chiaróga** (1) le feiceáil. Boladh láidir muisc a chuireann siad astu, má scanraíonn siad. I saileacha a fhabhraíonn na larbhaí, go háirithe i seanchrainn bharrscoite. Thart ar bhláthanna sa samhradh a shonraítear ciaróga fásta den speiceas *Strangalia maculata* (2). I gcrainn lofa thite agus i seanstoic a fhásann na larbhaí. Dathanna éagsúla a bhíonn ar na ciaróga fásta - ó bhuí uile go dubh uile nach mór. Tá roinnt mhaith speiceas gaolmhar le fáil. Is cuid suntais na cumhdaigh bhunleathana bharrchaola a bhíonn orthu uile.

Is iontach an chaoi a ndéanann roinnt de na ciaróga seo aithris ar fheithidí eile. Sampla maith is ea an **Chiaróg Fhoiche** (3) ar ar adhmad, i bhfálta agus i ngairdíní a thagtar uirthi. Is cuthail an fheithid í a bhfuil dealramh le foiche aici ar an gcaoi a gcorraíonn sí fiú amháin. Is mar sin a chosnaíonn sí í féin ar éin agus ar chreachadóirí eile, mar is go luath a fhoghlaimíonn siad sin gur ciallmhar an mhaise dóibh foichí a sheachaint i ngeall ar a gcailg. In adhmad marbh, i gcuaillí fálta, etc. a fhásann larbhaí na ciaróige seo. Is ar chrainn phoibleoige a thagtar ar *Saperda carcharius* (4). Is iad na poill mhóra ar na duilleoga a thugann le fios go bhfuil an chiaróg ann, mar is é duilliúr na poibleoige a chaitheann sí. Is cuid suntais na cumhdaigh sciathán faoina gcuid ribí dlútha liatha nó buí. In adhmad poibleoige a fhásann na larbhaí.

81

Bíonn na ciaróga seo beag ubhchruthach dronnach. Is minic loinnir mhiotalach orthu agus is deas an chomharthaíocht dhaite a bhíonn ar a lán acu. Is lú ná leath na colainne an fad a bhíonn sna hadharcáin shnáitheacha. Bíonn meallta orthu nó ciumhais fhiaclach. Ní bhíonn eang in imeall na súl.

Is iomaí cineál planda a thaithíonn na ciaróga agus na larbhaí araon, e.g. barra agus crainn. Duilliúr a chaitheann formhór na gciaróg fásta.

Bíonn na larbhaí beag agus cuma drúchtín (1) a bhíonn orthu. Fréamhacha nó duilliúr a chaitheann siad. Is lotnaidí tromchúiseacha a lán acu mar go bpollann siad duilleoga. Má bhíonn mórán acu le chéile is féidir leo barra agus crainn a lomadh ar fad. Bíonn cuid eile de na larbhaí beag bídeach agus déanann siad tolláin i nduilliúr. Línte ar dhath éadrom an chosúlacht a bhíonn ar na tolláin ón taobh amuigh.

Is fine mhór í seo a n-áirítear a lán lotnaidí uirthi, e.g. an **Chiaróg Cholorado** (2), a bhíonn coitianta i lár agus i ndeisceart na hEorpa. Bíonn sí gann sa Bhreatain. Déanann sí an-díobháil do phrátaí. Tá an **Chiaróg Fhola Sróine** (3) ar cheann de na duilldaoil is toirtiúla. Níl eitilt aici agus folaíonn sí í féin faoi chlocha i rith an lae. Má chuirtear isteach uirthi, cuireann sí braon 'fola' amach as a béal.

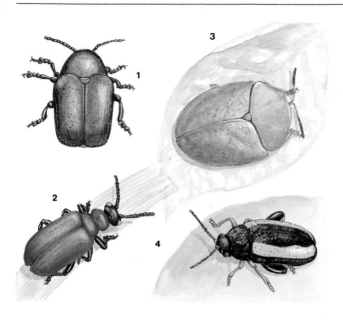

Bíonn loinnir an tuair cheatha le sonrú ar a lán de na duilldaoil, e.g. *Cryptocephalus hypochaeridis* (1). Is ar lus na seabhac agus ar bhaill eile d'fhine na nóinín a bhíonn sí seo le feiceáil go hiondúil. Tá dealramh léi sin ag baill den ghéineas *Chrysolina*, ach gur cruinne iad ná í agus is ar mhismín, ar thím agus ar phlandaí eile d'fhine an mhiontais a bhíonn siad le feiceáil. Is ar lílí a fhaightear *Lilioceris lilii* (2). Is ó Mhór-Roinn na hEorpa a tháinig sí isteach go deisceart na Breataine agus is plá ann anois le blianta beaga anuas í. Ligeann sí gíog má láimhsítear í. Is nós le larbhaí a lán de na ciaróga seo cac a úsáid chun iad féin a chur ó aithne.

Is sampla amháin an **Chiaróg Thoirtíseach Ghlas** (3) de roinnt ciaróg scothchruinn leata a mbíonn cosúlacht turtair bhig orthu. Leathnaíonn na cumhdaigh sciathán amach go gclúdaíonn siad idir cholainn agus chloigeann. Bíonn na larbhaí ublichruthach leata spíceach agus bíonn duaithníocht chaca orthu. Déanann idir larbhaí agus chiaróga fásta poill bheaga i bplandaí, e.g. baill d'fhiní na nóinín agus na miontas. Ciaróga beaga scothghorma nó dubha atá sna Ciaróga Dreancaide. Bíonn cosa móra deiridh orthu agus baintear feidhm astu chun léimní. Duilleoga a chaitheann na feithidí fásta, praiseacha go minic. Déanann siad mar a bheadh poill ghráin ghunna iontu. Fréamhacha a chaitheann na larbhaí. Is lotnaidí mórán díobh, e.g. an **Dreancaid Tornapa** (4).

83

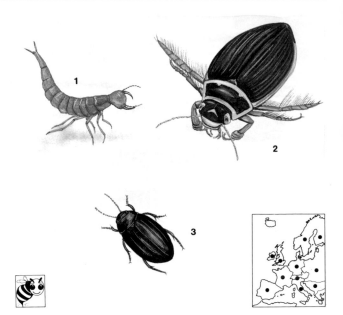

Ciaróga lonrach sruthlíneacha iad seo a mbíonn a gcolainn dubh nó donn (buí a bhíonn roinnt díobh). Oireann a gcosa deiridh don snámh, i.e. iad leata agus frainse ribí fada orthu. Is in éineacht a chorraítear an dá chos deiridh. Adharcáin ar dhul ar an tsnáithe a bhíonn orthu. Bíonn an cloigeann slogtha beagán isteach sa chliabhrach.

San uisce a chónaíonn siad agus is i linnte agus i lochanna a thagtar orthu. Is fiochmhar na feoiliteoirí iad agus is iomaí cineál ainmhí uisce a chaitheann siad. Tagann siad aníos i ndiaidh a gcúil chuig barr an uisce chun aer a fháil. Bíonn eitilt mhaith fúthu freisin.

Is fiochmhaire fós an larbha nó an lon craois (1) ná an chiaróg fhásta agus bíonn geolbhach mór biorach folamh air. Súnn sé an mhéithe amach as a chreach. Cruth fearsaide a bhíonn air agus dath donn. Bíonn cloigeann mór agus géaga láidre air.

Tá an **Tumadóir Mór** (2) ar cheann de na ciaróga is toirtiúla dá bhfuil san Eoraip; i linnte agus i lochanna modartha a thagtar air ar fud na hEorpa agus na n-oileán seo. Bíonn *Agabus bipustulatus* (3) agus speicis ghaolmhara coitianta i linnte agus i lochanna. I srutháin, in aibhneacha agus i ndíoga a bhíonn cineálacha eile le fáil. Meallann soilse san oíche a lán de na ciaróga seo chucu.

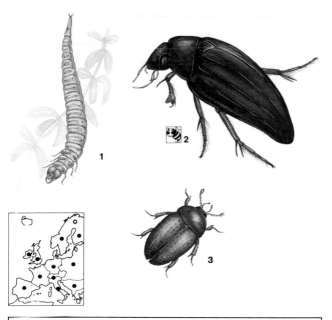

Dubh nó dúdhonn a bhíonn na ciaróga sruthlíneacha seo. Cuireann ciseal aeir loinnir airgeadúil ar na speicis a chónaíonn san uisce. Bíonn a n-adharcáin gearr agus bíonn meall ar a mbarr. Bíonn na pailpeanna fada sa chaoi gur cuma nó adharcáin iad. Is lagmheasartha na snámhóirí iad agus ní bhíonn na cosa deiridh ach beagán leata.

Is scroblachóirí na ciaróga fásta agus is in uisce támáilte nó seasta a chónaíonn siad. Plandaí lofa a chaitheann siad. Bíonn a gcloigeann in airde ar chraiceann an uisce agus iad ag análú. I bhfásra lofa agus in áiteanna taise a chónaíonn speicis eile.

Is creachadóirí mórán de na larbhaí (**1**) agus ainmhithe uisce a chaitheann siad. Fada díreach leata a bhíonn a gcolainn agus cloigeann so-aitheanta agus geolbhach mór orthu.

Bíonn droimín géar ar íochtar a chliabhraigh ag an n**Gealdoirb Mhór** (**2**) a ghearrfadh méara duine neamhairdeallaigh; in uisce fiaileach socair faoina bhfuil grinneall láibeach a chónaíonn sí, i ndeisceart na hEorpa den chuid is mó agus i ndeisceart na Breataine. I múiríní agus in ábhar plandúil lofa ar fud na hEorpa a chónaíonn **Cercyon analis** (**3**).

CIARÓGA EILE UISCE

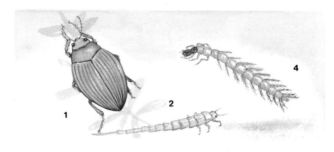

Bonnáin Uisce (1)

Tuairim 20 speiceas atá le fáil ar na hoileáin seo. Is feithidí beaga iad, thart ar 5 mm ar fad; cruth báid a bhíonn orthu, i.e. leathan ina lár agus ceann agus eireaball caol biorach orthu. Dath donn nó buí a bhíonn orthu agus spotaí dubha. Bíonn siad le feiceáil áit a mbíonn fásra dlúth san uisce agus iad ag lámhacán go mall ar an ngrinneall. Algaí glasa a chaitheann siad agus feithidí má éiríonn leo breith orthu. Bíonn colainn na larbhaí fada caol (2) agus bíonn deighleoga na colainne feolmhar agus ciumhaiseanna géara orthu. Is ionann a ngnáthóga agus gnáthóga na gciaróg fásta. Algaí is mó a chaitheann siad.

86

Táilliúirí (3) nó Míolta Móna

Thart ar 12 speiceas atá le fáil ar na hoileáin seo. Bíonn na ciaróga seo beag dubh ubhchruthach sruthlíneach agus fad 5-10 mm iontu. Bíonn na hadharcáin gearr. Bíonn na cosa láir is na cosa deiridh gearr agus cuma céasla orthu. Bíonn na géaga tosaigh fada caol. Bíonn na súile roinnte ina dhá gcuid go cothrománach, rud a chuireann ar chumas na ciaróige nithe a fheiceáil san aer agus san uisce. Bíonn siad le feiceáil de ghnáth ag snámh ar linnte is ar locháin. Ar chraiceann an uisce nó ar phlandaí uisce a ligeann siad a scíth. Má chuirtear isteach orthu, imíonn siad leo agus iad ag tornáil go tapa san uisce. Larbhaí muiscítí a chaitheann siad agus feithidí a gabhadh san uisce. Bíonn na larbhaí (4) fada caol agus geolbhacha chun análaithe ar thaobhanna a mboilg. Téann siad sa tóir ar larbhaí feithidí eile ar ghrinneall an uisce.

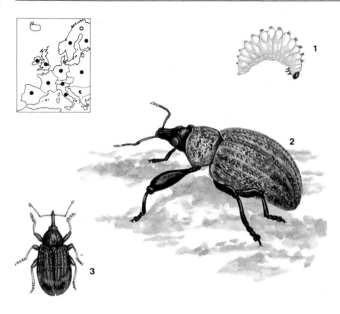

Is cuid suntais na ciaróga crua seo agus bíonn soc fada orthu. Bíonn uillinn ar na hadharcáin agus meallta ar a mbarr. As taobhanna an tsoic a éiríonn na hadharcáin. Bíonn clúdach de ghainní míne ar a lán gobachán, rud a chuireann dathanna ar leith orthu. Bíonn cuid acu gan eitilt ar bith agus is táite le chéile a bhíonn na cumhdaigh sciathán.

Ar phlandaí a thagtar orthu. Creimeann na ciaróga fásta poill sna duilleoga agus is féidir leo a lán damáiste a dhéanamh. Má chuirtear isteach orthu is nós leo ligean orthu féin gur marbh atá siad. Titeann siad go talamh ansin.

Pollann an baineannach créafóg, síolta, torthaí, gais, etc. lena soc fada agus beireann sí a cuid uibheacha isteach sa pholl. Gearr scothbhán a bhíonn na larbhaí (1). Cruth cuar a bhíonn orthu agus ní bhíonn cosa fúthu. Laistigh de shíolta, de fhréamhacha, de chnónna, etc. a chónaíonn siad agus is díobhálaí go minic iad ná na gobacháin fhásta.

Dála a lán gobachán eile is lotnaid an **Gobachán Fíniúna** (2). Ionsaíonn na larbhaí fréamhacha agus duilliúr a lán plandaí gairdín agus tí. I mbachlóga bhláthanna an chrainn úll a bheireann an **Gobachán Úll** (3) baineann a cuid uibheacha. Ní osclaíonn na bláthanna sin de réir mar a fhásann na larbhaí iontu. I stórais ghráin a fhaightear Gobacháin Ghráin. Déanann siad a lán díobhála.

CIARÓGA EILE

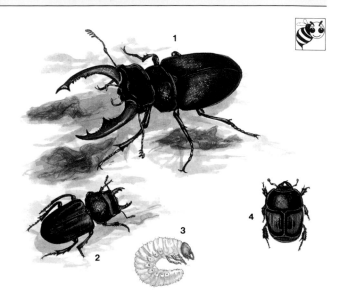

Giurnáin

3 speiceas atá le fáil ar na hoileáin seo.
Bíonn cinn bheaga is cinn mhóra ann.
D'fhéadfaidís a bheith 75 mm ar fad.
Leata trom a bhíonn na ciaróga dubha
nó donna seo. Bíonn uillinn ar na
hadharcáin agus bíonn a trí nó a
ceathair de stiallacha sna meallta.
Geolbhach mór a bhíonn ar na
fireannaigh. Is lú gialla na
mbaineannach. Bíonn gialla an
fhíor-Ghiúrnáin (**1**) fhirinn ollmhór.
Bíonn an speiceas sin agus **an Giurnán
Beag** (**2**) araon le fáil i ndeisceart agus i
lár na hEorpa agus i Sasana. I gcoillte
duillsilteacha (coillte darach go minic),
ar thránna gainimh agus i mbailte a
bhíonn siad le fáil. Folaíonn siad iad
féin faoi chearchaillí adhmaid i rith an
lae agus faoi stoic crann. Cruth corráin
a bhíonn ar na larbhaí (**3**) agus is in
adhmad lofa a chónaíonn siad.

Ciaróga Bualtraí

Thart ar 40 speiceas atá le fáil ar na
hoileáin seo. Ciaróga dubha crua
lonracha iad, agus iad 1-10 mm ar fad.
Bíonn comharthaíocht dhearg ar roinnt
acu. Bíonn na cumhdaigh sciathán
gearr, rud a fhágann leis dhá dheighleog
den bholg. Bíonn uillinn ar na
hadharcáin agus cuma cnaipe a bhíonn
ar na meallta tiubha ar a mbarr. Is féidir
leis an gciaróg idir cheann, chosa agus
adharcáin a tharraingt isteach faoina
colainn. I bhfásra lofa, ar aoileach nó ar
splíonach a bhíonn idir larbhaí agus
fheithidí fásta le fáil. Feithidí eile a
chaitheann siad. I mbualtrach chapall
agus bhó a chónaíonn **Hister
4-maculatus** (**4**). Bíonn a cholainn
cruinn dubh agus ceithre spota dhearga
ag teacht le chéile ar a droim. Dath
dubh amháin a bhíonn ar a lán de na
speicis eile.

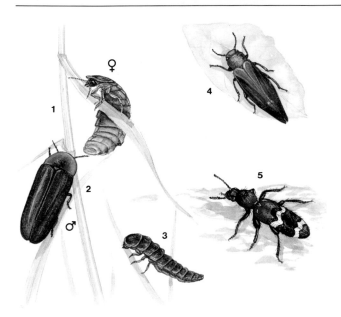

Lampróga

Dhá speiceas acu seo atá le fáil sa Bhreatain cé nach bhfuil ceachtar acu le fáil in Éirinn. Ciaróga fada boga iad agus bíonn na cumhdaigh sciathán sách bog. Leathnaíonn an scaball chun an cloigeann a chlúdach. In áiteanna boga féarmhara agus i móinéir a thagtar orthu. Is iad baineannaigh an speicis – *Lampyris noctiluca* – na **Péisteanna Solais** (1). Cuma larbha gan sciatháin a bhíonn orthu. Suíonn siad ar an talamh tráthnóna samhraidh agus cuireann solas glasghorm amach chun na fireannaigh a mhealladh chucu. Is iad fireannaigh an speicis - *Luciola lusitanica* - na **Cuileoga Shionnacháin** (2). Feithidí lachna leata na Cuileoga Sionnacháin a mbíonn taobhanna a gcolainne comhthreomhar. Bíonn na larbhaí (3) féin solasta. Murab ionann agus na cinn fhásta nach gcaitheann aon bhia, itheann na larbhaí seilidí is drúchtíní.

Ciaróga Seoide

Tuairim 12 speiceas atá le fáil ar na hoileáin seo. Bíonn na ciaróga seo caol agus bíonn loinnir mhiotalach orthu go minic agus stríoca nó iomairí ar na cumhdaigh sciathán. Is ar bhláthanna is gnáiche a bhíonn na cinn fhásta le feiceáil. Tollann na larbhaí crainn agus gais plandaí. Is lotnaidí cuid díobh. In aice le crainn darach a thagtar ar *Agrilus pannonicus* (4) go minic.

Daoil Bhreaca

Tuairim 12 speiceas atá le fáil ar na hoileáin seo. Is ciaróga beaga glé iad, a mbíonn a gcolainn fada clúmhach, cumhdaigh bhoga sciathán orthu agus meallta ar a n-adharcáin. I gcoillte is coitianta iad, ar stoic crann agus ar bhláthanna. Sampla maith is ea *Thanasimus formicarius* (5).

CIARÓGA EILE

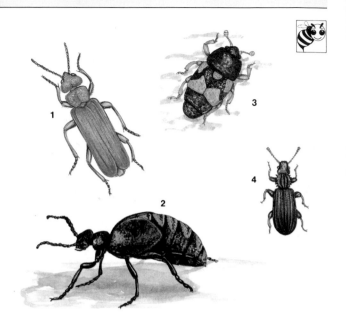

Ciaróga Spuaice
Tuairim 9 speiceas atá le fáil ar na hoileáin seo. Feithidí fada (10-30 mm ar fad) leathracha nó boga iad seo. Muineál caol, cloigeann mór agus adharcáin shnáitheacha a bhíonn orthu. Bíonn na cumhdaigh sciathán éadaingean. Ar dhuilliúr agus ar bhláthanna a bhíonn na cinn fhásta le feiceáil. Is seadánaigh na larbhaí i neadacha beach agus in uibheacha dreoilíní teaspaigh. Is i gceantair theo na hEorpa agus dheisceart na Breataine a thagtar ar an g**Cuil Spáinneach** (1). Cantairídin a fhaightear ina cuid fola. Is nimh é sin agus creideadh tráth gur afraidíseach a bhí ann. Bíonn na **Ciaróga Íle** (2) amscaí agus dath gorm nó corcra orthu agus loinnir an tuair cheatha iontu. Má chuirtear isteach orthu is amhlaidh a chuireann siad 'íle' bhréan astu.
90

Ciaróga Súlaigh
Tá thart ar 90 speiceas díobh seo le fáil ar na hoileáin seo. Ciaróga beaga ubhchruthacha leata iad agus dath dubh orthu go hiondúil. Is minic spotaí dearga nó buí orthu. Gearr a bhíonn na cumhdaigh sciathán go minic agus is cuid suntais meall an adharcáin. Súlach crann, neachtar, splíonach agus torthaí a bhíonn ag coipeadh a chaitheann idir chinn fhásta agus larbhaí. Is lotnaid **Ciaróg na dTorthaí Tirime** (3) i stórais torthaí.

Ailseoga
23 speiceas atá le fáil ar na hoileáin seo. Leata a bhíonn colainn na gciaróg seo agus is faoi choirt chrann a chónaíonn a lán díobh. I bhfásra lofa a chónaíonn cuid eile. Bíonn meall an adharcáin neamhfheiceálach. Feithidí lotnaide i ngránstórais a chaitheann an **Ghránchiaróg Shábhfhiaclach** (4).

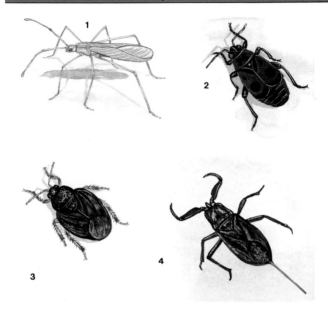

Feithidí beaga nó leathmhóra iad na Frídí agus bíonn dhá phéire sciathán orthu. Crua daite a bhíonn bun an sciatháin tosaigh ach scannánach a bhíonn a bharr. Nuair a bhíonn an fhríd ag ligean a scíthe, coinníonn sí a sciatháin tosaigh ina luí cothrom ar a droim sa chaoi go gclúdaíonn siad na sciatháin deiridh. Bíonn barr scannánach na sciathán tosaigh ina luí os cionn a chéile ansin.

Is maith mar a oireann geolbhach na bhfrídí don súrac. Súnn siad amach súlach plandaí nó beireann siad ar fheithidí eile chun an sú a shúrac amach astu. Seadánaigh cuid díobh agus is fuil a ólann siad.

Is mar a chéile cruth na nimfí agus cruth na fríde fásta ach nach mbíonn sciatháin ar an nimfeach. Fásann nutaí seachtracha na sciathán de réir mar a chuireann an nimfeach a craiceann di, rud a tharlaíonn cúig uaire. Is mar a chéile nósanna na nimfí agus na feithide fásta. Geolbhach súraic a bhíonn sa nimfeach nach dtagann forbairt air choíche.

Is ar an talamh a chónaíonn a lán frídí, agus plandaí a chaitheann siad, e.g. **Frídí Loirgneacha** (1), **Giollaí Dearga** (2), Frídí Talún, Carráin, Frídí Puimcín agus Frídí Scéithe. Is creachadóirí frídí eile, e.g. **Frídí Léime** (3), Aithidíní agus Aínnireacha. Is seadánaigh agus súiteoirí fola na Míolta Leapa. Is in uisce a chónaíonn frídí eile, e.g **Scairpeanna Uisce** (4), Fleascóirí agus Scinnirí Locháin

91

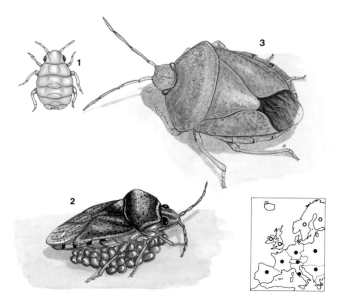

Frídí móra iad seo agus cruth scéithe orthu. Dath glas nó donn a bhíonn ar a bhformhór, cé go bhfuil roinnt ann a mbíonn comharthaíocht ghlé orthu. Bíonn sciath mhór dheiridh thriantánach le feiceáil idir na sciatháin. Bíonn faireoga bolaidh ar a n-íochtar ag roinnt frídí ar féidir leo boladh fíorbhréan a dhéanamh leo.

Bíonn Frídí Scéithe le fáil ar gach cineál fásra. Súlach plandaí a chaitheann cuid acu; feithidí beaga a sheilgeann cuid eile. Is san fhómhar is san earrach is mó a bhíonn siad le feiceáil. Is lotnaidí roinnt acu; bíonn feidhm le cuid eile díobh toisc gur nós leo feithidí díobhálacha a chreachadh.

Cuma bairille a bhíonn ar na huibheacha agus beirtear a lán díobh le chéile ina dtriopaill. Cruth Bóín Dé a bhíonn ar na nimfeacha óga (1) agus fanann siad in éineacht le chéile gar do na huibheacha. Téann siad i raimhre agus i leithne de réir mar a chuireann siad a gcraicne díobh agus scaipeann siad beagán ó chéile. Ní bhíonn aon sciath dheiridh ar na nimfeacha agus is éagsúil dá réir sin leis na frídí fásta iad.

Ar chraínn Bheithe a bhíonn **Frídí Faire** (2); déanann na baineannaigh faire ar a gcuid uibheacha go dtagann na nimfeacha amach astu. Bíonn **Frídí Scéithe Glasa** (3) coitianta ar gach cineál planda, go háirithe sa samhradh nuair a bhíonn an aimsir meirbh. Mór donn a bhíonn na Míolta Feá agus is i gcoillte agus in úlloird a bhíonn siad. Is minic a mhilleann Frídí Toirtíse gránbharra ar Mhór-roinn na hEorpa.

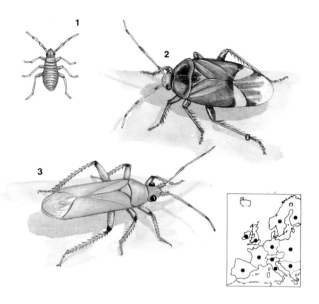

Bíonn na frídí seo leochaileach. Bíonn a gcolainn fada nó leathfhada agus sách bog. Is cuid suntais an dá fhéith lúbtha ar bharr scannánach na sciathán tosaigh. Is furasta a bhristear idir adharcáin agus chosa den cholainn. Dathanna glé a bhíonn ar roinnt díobh ach duaithníocht ghlas nó dhonn a bhíonn ar a lán acu.

Bíonn Caipsidí le fáil ar gach cineál fásra cé nach lotnaid ach corrcheann díobh. Plandaí a chaitheann a bhformhór - torthaí is síolta go minic. Is creachadóirí ar fheithidí eile cuid díobh. Déanann roinnt acu aithris ar fheithidí eile.

Bíonn dealramh ag na nimfeacha (1) leis na frídí fásta. Cailleann siad a gcuid adharcán is a gcuid cos go héasca. Is mar a chéile a nósanna agus nósanna na gceann fásta freisin. Is lasmuigh a thagann nutaí na sciathán chun cinn go dtí an foladh deireanach nuair is sciatháin iomlána iad.

Is í seo an fhine frídí is mó san Eoraip. Bíonn **Frídí Smáil** (2) le fáil ar a lán plandaí glasa agus is cionsiocair le smáil bhána ar bharra, ar phlandaí gairdín agus ar fhiailí iad. Fineoga dearga a chaitheann na **Caipsidí Glúindubha** (3); ar chrainn a chónaíonn siad - crainn úll agus teile go háirithe. Bíonn siad fóinteach in úlloird.

93

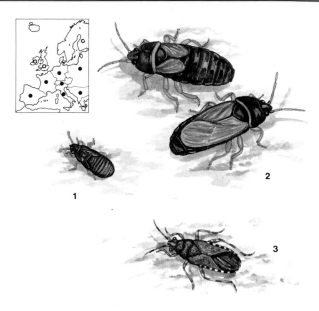

1

2

3

Frídí crua fada nó ubhchruthacha iad seo. Dath dúdhonn nó dubh is gnáiche orthu. Bíonn comharthaíocht dhearg ar a lán acu. Ní bhíonn ach cúig fhéith faoi leith sna sciatháin tosaigh agus ní bhíonn féitheacha lúbtha iontu ach a oiread.

Síolta féar agus plandaí eile a chaitheann a lán díobh nó súnn siad an súlach as plandaí. Creachann cuid eile díobh feithidí eile. I móinéir, ar fhraoch, i ngoirt, i bhfálta, i nduilliúr feoite, ar chrainn, etc. a thagtar orthu.

Bíonn na nimfeacha (**1**) cosúil leis na frídí fásta ach nach mbíonn sciatháin orthu. Méadaíonn nutaí na sciathán in aghaidh gach folta. Is ionann a nósanna is nósanna na bhfrídí fásta agus is sna háiteanna céanna a bhíonn siad le fáil.

Bíonn na **Bógais Eorpacha** (**2**) le feiceáil ina sluaite móra ar shíolchinn féar, ar ghiolcacha agus ar ghránbharra uaireanta. Bíonn sciatháin ar chuid de na frídí ach bíonn frídí eile gan sciathán ar bith. Bíonn **Frídí Neantóige** (**3**) coitianta ar neantóga agus in aice leo.

1

2

3

Beag dorcha a bhíonn na frídí seo. Dath dubh nó donn a bhíonn orthu agus bíonn a gcolainn is a gcloigeann leata go cothrománach. Ní bhíonn aon sciathán ar roinnt speiceas. Maidir le sciatháin na speiceas eiteach, bíonn cúig limistéar shuntasacha le brath ar na sciatháin tosaigh. Uamanna a dhealaíonn ó chéile iad.

Ar phlandaí a mhaireann na Carráin eiteacha. Aifidí, tripis, fíneoga agus miondúile eile a chaitheann siad. Fuil éan agus mamach a shúnn na Míolta Leapa. I neadacha agus i dtalmhóga a n-óstach a chónaíonn siad.

Is sna háiteanna céanna a chónaíonn idir nimfeacha agus fhrídí fásta agus is iad na nósanna céanna a bhíonn acu. Méadaíonn nutaí sciathán na speiceas eiteach le gach foladh go dtí go mbíonn sciatháin iomlána ar na frídí fásta.

Bíonn an **Carrán Coiteann** (1) ag seilg a chreiche sa samhradh. Codlaíonn sé faoi choirt crainn sa gheimhridh. Tá gaol aige sin leis an gCarrán Bruscair a mbíonn cónaí air i gcarnáin mhúirín, i gcruacha féir nó i ngráinseacha. I dtithe a chónaíonn an **Míol Leapa** (2) is a cuid nimfeach. I scoilteanna nó in éadaí leapa a fholaíonn siad iad féin i rith an lae. San oíche a thagann siad amach agus súnn siad fuil na ndaoine fad is a bhíonn siad ina gcodladh.

95

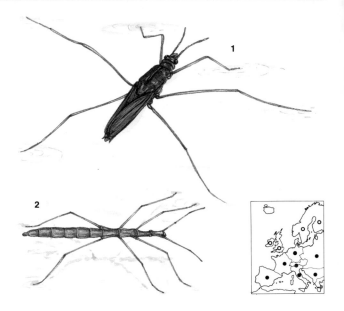

Frídí fada iad seo agus bíonn a gcosa láir is a gcosa deiridh fada freisin. Seasann siad ar a gcosa ar chraiceann an uisce go ndéanann siad loigíní bídeacha ann. Bíonn clúdach de chlúmh fíneálta uiscedhíonach ar a gcolainn sa chaoi nach dtéann an fhríd i bhfostú san uisce.

Is feithidí uisce na feithidí seo cé gur ar bharr an uisce a scinneann siad thart, seachas san uisce féin. Linnte, lochanna agus aibhneacha a thaithíonn siad; ar uisce na farraige a chónaíonn roinnt díobh. Beireann siad ina ngéaga tosaigh ar fheithidí a théann i bhfostú san uisce agus caitheann siad ansin iad.

Bíonn dealramh ag na nimfeacha leis na scinnirí fásta ach gur lú iad. Is lasmuigh a fhorbraíonn nutaí na sciathán de réir mar a chuireann an scinnire a chraiceann de. Sciatháin iomlána iad tar éis an fholta dheireanaigh.

Bíonn an **Scinnire Locháin Coiteann** (1) le fáil gach aon áit a mbíonn uisce seasta ann. Tá dealramh ag an g**Corrmhíol Uisce** (2) leis sin ach gur caoile is gur faide a cholainn. Bíonn cosa an-fhada air. Is minic nach mbíonn sciatháin ar bith air agus siúlann sé go mall ar luibheanna uisce nó ar uisce na linne féin. Is lú agus is raimhre an Tiopal nó an Criogar Uisce. Srutháin agus locháin a thaithíonn sé, áit a mbíonn sé le feiceáil ag rith trasna an uisce.

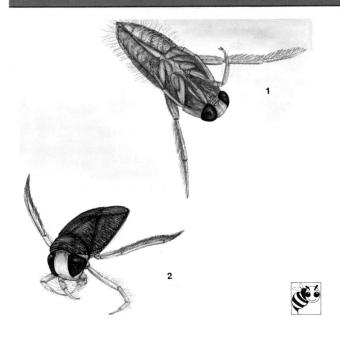

Fleascóirí (1)

Thart ar 4 speiceas atá le fáil ar na
hoileáin seo. Cuma báid agus péire
maidí rámha a bhíonn ar an
bhFleascóir. Ar a ndroim a shnámhann
siad. Bíonn na géaga deiridh mór leata
agus úsáidtear iad mar a bheadh maidí
rámha ann. Priocann siad má
láimhsítear iad. I locháin agus i
lochanna a bhíonn siad, iad ag ligean a
scíthe ar chraiceann an uisce go minic
agus a gcloigeann thíos agus a mbolg ag
gobadh aníos as an uisce. Is
creachadóirí iad mar gur éisc, torbáin
agus a leithéidí a chaitheann siad. Tá
dealramh ag an nimfeach leis an
bhfleascóir fásta agus is mar a chéile a
nósanna. Is lú an nimfeach agus ní
bhíonn a chuid sciathán ach i mbun
fáis. Thart ar 15 mm gnáthfhad an
fhleascóra aibí. Bíonn eitilt láidir faoi.

Bádóirí (2)

Thart ar 30 speiceas atá le fáil ar na
hoileáin seo. Tá dealramh ag an
mBádóir leis na Fleascóirí ach is iad a
ghéaga láir agus a ghéaga deiridh a
úsáideann an Bádóir sa snámh dó. Ní
bunoscionn a ghluaiseann na Bádóirí
ach a oiread. I locháin agus i lochanna a
thagtar orthu. Is minic gar don
ghrinneall iad áit a ngreamaíonn siad de
chlocha nó d'fhiailí uisce. Bruscar
plandúil agus algaí a chaitheann siad. Is
mar a chéile na nimfeacha agus na frídí
aibí ach gur ag forbairt a bhíonn a
sciatháin na nimfí. Bíonn eitilt láidir
faoin mBádóir fásta. 12 mm a
ghnáthfhad.

97

Aithidíní

6 speiceas atá le fáil ar na hoileáin seo. Dath donn is gnáiche ar na frídí seo a bhíonn fada nó dea-dhéanta. 5-20 mm an fad a bhíonn iontu agus bíonn a gcosa fada. Is minic cosa tosaigh deilgneacha fúthu a mbaineann siad feidhm astu chun breith ar a gcreach. Is leithne an bolg ná na sciatháin go minic. Creachadóirí fíochmhara iad seo; seilgeann siad feithidí agus ní hannamh dóibh aithris a dhéanamh ar a gcreach. Is nós leo priocadh nó glór a dhéanamh má láimhsítear iad. Sciatháin ghearra a bhíonn ar an **Aithidín Fraoigh** (1) agus is ar fhraoch agus ar dhumhcha a thagtar air. Sciatháin iomlána a bhíonn ar an Aithidín Cuile. Meallann soilse istoíche é. In aice le tithe a bhíonn sé agus seilgeann sé cuileanna agus míolta leapa.

98

Ainnireacha

Thart ar 12 speiceas atá le fáil ar na hoileáin seo. Bíonn na frídí creiche seo beag donn agus bíonn dealramh acu le haithidíní ach gur caoile iad. D'fhéadfaidís a bheith 10 mm ar fad agus bíonn a gcosa fada i gcomparáid lena gcolainn. Is san fhéar nó i bhfásra iseal is mó a thagtar ar na frídí aibí agus ar na nimfeacha chomh maith. Feithidí ar nós aifidí agus boilb a chaitheann siad. Beireann siad ar an gcreach sna géaga tosaigh, priocann lena ngob géar í go súnn siad an solamar amach aisti. Is maith an sás chun eitilte na frídí fásta. Sampla maith de na frídí seo is ea an **Ainnir Choiteann** (2). Is beag áit fhéarmhar nach mbíonn sí le fáil ann. Tá dealramh ag an Ainnir Churraigh léi ach gur gearr a sciatháin agus gur féarach tais a thaithíonn sí.

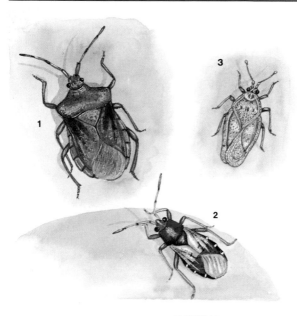

Frídí Puimcín

Thart ar 21 speiceas atá le fáil ar na hoileáin seo. Mór lachna a bhíonn na frídí seo agus a gcolainn sách fada. 15 mm an fad is mó a bhíonn iontu. Is minic bolg fadaithe orthu agus sciath dheiridh leathan. Bíonn spící nó feadáin bheaga ar chuid díobh ar an gceann is ar an gcliabhrach. Bíonn na hadharcáin tiubh tréan go háirithe ar na nimfeacha óga. Bíonn an cloigeann caol gus bíonn súile móra iontu. Má chuirtear isteach ar na frídí seo is nós leo boladh fíorbhréan a chur astu. Is ar phlandaí a thagtar ar na frídí; torthaí agus síolta is minice a chaitheann siad. Sna háiteanna céanna a bhíonn na nimfeacha freisin. Bíonn spící ar thaobhanna na nimfeach agus a n-adharcáin fada. Sa samhradh bíonn **Coreus marginatus** (1) le feiceáil ar chopóga nó ar phlandaí samhaidh.

Frídí Maide

10 speiceas díobh seo atá le fáil ar na hoileáin seo. Tá dealramh acu leis na Frídí Puimcín ach gur gnách dubh nó dearg iad. Is minic sciatháin tosaigh scannánacha orthu. Is iomaí cineál planda a thaithíonn siad, áit a gcaitheann siad torthaí is síolta. I gcoillte agus i bhfálta a thagtar ar **Rhopalus subrufus** (2).

Frídí Lása

Tuairim 20 speiceas atá le fáil ar na hoileáin seo. Frídí beaga leata iad. Fad 5 mm a bheadh iontu ar a gcuid is mó de. Is minic dath scothliath orthu agus iad clúdaithe le céir. Cosúlacht lása a bhíonn ar an gcliabhrach agus ar na sciatháin tosaigh. Faoi dhuilleoga nó i gcaonach a bhíonn idir fhrídí aibí agus nimfeacha le fáil. Is minic dealga ar na nimfeacha agus is dorcha iad ná na cinn fhásta. Ar fheochadáin a mhaireann **Tingis cardui** (3).

FRÍDÍ COMHEITEACHA Homoptera
Breis is 1100 speiceas atá le fáil ar na hoileáin seo
1-10 mm fad a bhformhóir. Bíonn cuid díobh 35 mm ar fad

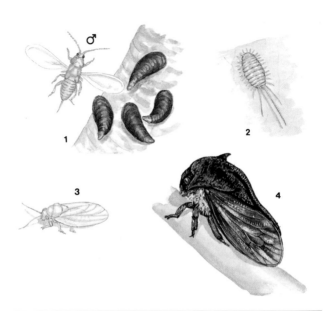

Feithidí beaga iad seo den chuid is mó. Is mar a chéile an dá phéire sciathán a bhíonn orthu. Scannánach nó crua a bhíonn na sciatháin, cé nach mbíonn siad ar chuid de na géinis. Is minic a choinníonn an fhríd a sciatháin ar a colainn ar dhul dín tí agus í ag ligean a scíthe. Geolbhach súraic a bhíonn ar na frídí seo uile agus is i bhfad siar ar íochtar an chloigínn a bhíonn bun an gheolbhaigh.

Súlach plandaí a chaitheann siad uile agus is leis an ngeolbhach súraic a shúnn siad é. Gach uile chuid den phlanda a thaithíonn siad: fréamh, gas, duilliúr, bláth nó toradh.

Is minic mar a chéile an nimfeach agus an fheithid fhásta ach nach mbíonn sciatháin ar an nimfeach. Gnáth-shaolré a bhíonn ag a lán acu, is é sin le rá go bhforbraíonn an nimfeach de réir mar a chuireann sé a chraiceann de. Maidir le frídí eile, e.g. na hAifidí, is amhlaidh a bhíonn glúin sciathánach agus glúin gan sciatháin ag sealaíocht ar a chéile.

Déanann a lán de na frídí seo díobháil do bharra luachmhara. Is lotnaidí na cinn seo a leanas, e.g. Ciocáidí, Aifidí, Bánchuileanna, Míolta Seile, Lingirí Duille, Gainneoga agus Plúrmhíolta. Sa phictiúr thuas tá **Gainneoga Diúilicín** ar choirt chrainn úll (**1**); an **Plúrmhíol Eireaballach** (**2**), lotnaid de chuid an tí gloine; an **Diúlaí Úll** (**3**), lotnaid eile ar chrainn úll; agus an **Ainle Adharcach** (**4**).

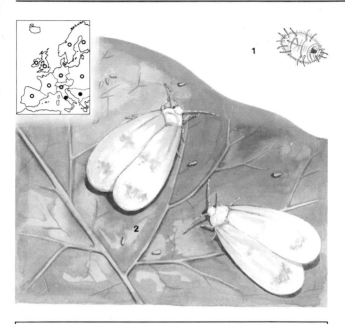

Bíonn clúdach de phúdar geal ar na frídí bídeacha fásta. Trédhearcach scothbhán nó ballach a bhíonn na sciatháin. Níl oidhre ar bith orthu ach leamhain bheaga bhídeacha agus dhá phéire sciathán orthu a bhíonn an-mhór i gcomórtas lena gcolainn. Is mó de bheagán na sciatháin deiridh ná na sciatháin tosaigh.

Sna teochriosanna is mó a bhíonn na feithidí seo le fáil. Lotnaid i dtithe gloine agus ar phlandaí tí is ea speiceas amháin ar na hoileáin seo.

Is dúile fíorbheaga ubhchruthacha na nimfeacha (1). Bíonn snáithí bídeacha acu chun iad féin a cheangal d'íochtar na nduilleog. Dealramh an phupa a bhíonn ar an nimfeach dheireanach. Súnn idir nimfeacha agus fheithidí aibí an súlach as duilleoga go gclúdaíonn siad le drúcht greamaitheach meala iad. Fásann caonach liath ar an drúcht, rud a chuireann dath liath ar na duilleoga.

Tá roinnt mhaith speiceas le fáil san Eoraip, na hoileáin seo san áireamh. Is lotnaidí cuid díobh, e.g. an Bhánchuil Chabáiste a dhéanann an-díobháil do chabáistí agus do bhaill eile d'fhine na praisí. Is iomaí planda sa teach gloine agus sa teach cónaithe a ionsaíonn an **Bhánchuil Teach Gloine** (2), e.g. trátaí, cúcamair agus fiúise, go háirithe. Is geall le feithidí gainneacha a nimfeacha sin.

AIFIDÍ Aphidae
Breis is 500 speiceas atá le fáil ar na hoileáin seo
5 mm ar fad ar an gcuid is mó de

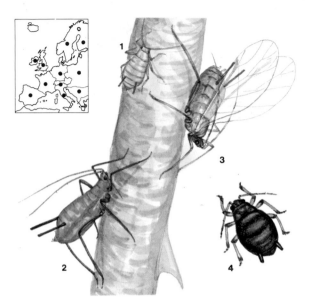

Bíonn colainn na bhfeithidí beaga seo bog ar dhul piorra. Dath glas, donn nó dearg a bhíonn orthu. Bíonn sciatháin ar chuid acu, bíonn an chuid eile gan sciatháin. Má bhíonn sciatháin ar aifid is go hingearach os cionn a colainne a choinníonn sí iad. Bíonn dhá adharc bheaga ar chúl uachtar an bhoilg a chuireann céir amach. Bíonn gob súite biorach ar na haifidí.

Déanann siad damáiste do phlandaí fiáine agus do phlandaí saothraithe araon. Is minic na haifidí le fáil ina n-ollsluaite ar fhásra. Cuireann siad na duilleoga as a riocht agus lagaíonn siad na plandaí nuair a bhaineann siad an súlach astu. Is minic seangáin ag aoireacht ar n-aifidí ar mhaithe leis an drúcht meala a sholáthraíonn siad.

Tagann baineannaigh as uibheacha ar an óstach plandúil san earrach. Gineann siad sin baineannaigh gan sciatháin agus ansin baineannaigh sciathánacha. Eitlíonn na baineannaigh sciathánacha chuig planda nua le síolrú. San fhómhar téann leaganacha sciathánacha ar ais chuig an mbunphlanda agus beireann siad idir bhaineannaigh agus fhireannaigh. Beirtear uibheacha i ndeireadh an tséasúir le haghaidh earrach na chéad bhliana eile.

Ionsaíonn Aifidí crainn éagsúla, e.g. péine, dair, saileach agus crainn úll. Is iomaí planda fiáin a mhilleann siad mar aon le barra talmhaíochta, e.g. cruithneacht, pónairí leathana agus cabáistí. I measc na nAifidí coitianta a dhéanann díobháil i ngairdíní áirítear an **Aifid Ghlas** a thaithíonn rósanna ((nimfeach (1), leagan gan sciatháin (2), leagan sciathánach (3))); agus an **Míol Pónaire** nó an **Chuil Dhubh** (4), ar lotnaid ar phónairí agus ar phlandaí eile é.

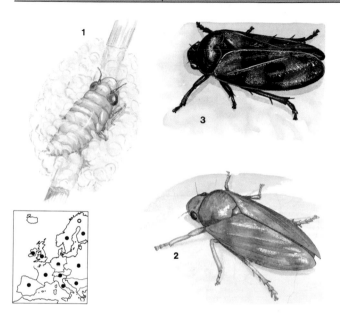

Bíonn na feithidí seo fada nó ubhchruthach. Dath donn a bhíonn orthu go hiondúil ach tú corrchcann ann a bhíonn daite go glé. Bíonn na sciatháin tosaigh crua agus na spící ar na cosa tearc. Scaball mór a bhíonn orthu ach ní chlúdaíonn sé aon chuid den bholg. Bíonn na hadharcáin beag bídeach agus is amach as tosach an chinn idir an dá shúil a thagann siad.

Léimeann na feithidí fásta mar a dhéanfadh froganna beaga. I móinéir, i ngairdíní agus i gcoillte a thagtar ar na feithidí fásta agus a nimfeacha araon. Súnn siad súlach as plandaí, go háirithe as fásra nua. Lagaíonn na Míolta Seile na plandaí go minic.

I meall cúir (seile cuaiche) a chónaíonn nimfeacha (1) a lán speiceas. Cosnaíonn an cúr ar an triomach agus ar a gcreachadóirí iad. Cuireann siad an 'tseile' amach as a dtóin; sileann sí thar an gcolainn go meascann sí leis an aer.

Is as nimfeach an **Mhíl Seile Choitinn** a thagann an tseile chuaiche choitianta a bhíonn le feiceáil i ngairdíní agus i bhfálta. Glas a bhíonn na nimfeacha. Lachna a bhíonn na feithidí fásta (2). Is toirtiúla an **Míol Seile Créachtach** fásta (3) ná é sin. I gcoillte is mó a bhíonn sé agus is faoin talamh a fhabhraíonn na nimfeacha. I lár seile cruaite a chónaíonn na nimfeacha. Fréamhacha a itheann siad.

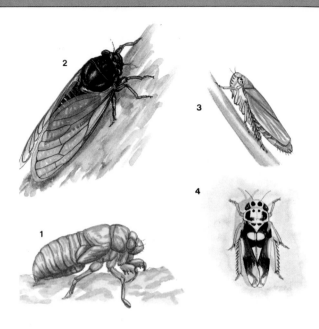

Ciocáidí nó Gaibhne Dubha

Is feithidí móra scothdhubha iad seo a mbíonn dhá phéire sciathán scannánach trédhearcach orthu. Is faide faoi dhó an péire tosaigh ná an péire deiridh. Suíonn na fireannaigh ar thoir ar chrainn agus iad ag cantaireacht d'fhonn na baineannaigh a mhealladh chucu. Sa talamh a fhabhraíonn na nimfeacha (**1**), áit a n-ólann siad súlach as fréamhacha lena ngob. Tár éis tamall de bhlianta tagann siad amach agus dreapann siad crainn. Cuireann siad an foladh deireanach díobh go ndéanann siad fríd aibí. Tá roinnt speiceas le fáil ar Mhór-roinn na hEorpa. *Cicadetta montana* (**2**) (tuairim 50 mm réise a sciathán) an t-aon speiceas amháin atá le fáil ar na hoileáin seo. Is sa New Forest i ndeisceart Shasana atá sé le fáil. Tá sé gann ann.

Lingirí Duille

Tuairim 250 speiceas atá le fáil ar na hoileáin seo. Feithidí beaga léimneacha iad seo agus cosúlacht míolta seile fada orthu. D'fhéadfadh fad 10 mm a bheith iontu. Dath glas nó dathanna glé eile a bhíonn ar a lán díobh. Is idir an dá shúil a éiríonn na hadharcáin in airde ar a gcloigeann. Bíonn siad coitianta ar chrainn, ar thoir agus ar luibheanna glasa i móinéir, in úlloird, i ngairdíní agus i gcoillte. Baineann siad súlach as plandaí lena ngob go bhfágann siad balscóid de dhath éadrom thart ar an gcréacht. Is lotnaid corrspeiceas. Cuireann a lán díobh drúcht meala astu. Is ar fhéara i móinéir a mhaireann an **Lingire Duille Glas** (**3**). Ar neantóga agus ar bhaill d'fhine na miontas a thagtar ar *Eupteryx aurata*. Déanann sé an-díobháil do phrátaí uaireanta.

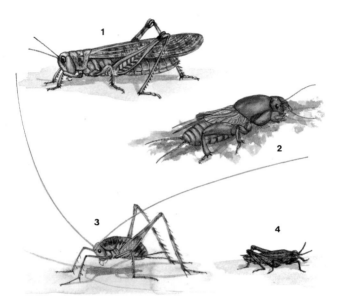

Feithidí móra iad seo a mbíonn dhá phéire sciathán orthu agus cosa fada deiridh fúthu. Bíonn na sciatháin tosaigh fada caol leathrach agus is cosaint iad do na sciatháin scannánacha deiridh a fhilltear fúthu nuair a bhíonn an fheithid ag ligean a scíthe. Bíonn taobhanna an chinn leata agus an geolbhach mór greamannach. Bíonn an scaball mór freisin.

Plandaí is mó a chaitheann na Dreoilíní Teaspaigh. Fcithidí a itheann na Dorsáin. Ag léim agus ag faoileoireacht níos túisce ná ag eitilt a bhíonn a lán acu. 'Cantaireacht' shuntasach a dhéanann a lán de na fireannaigh agus iad ag iarraidh a limistéar féin a chosaint nó baineannaigh a mhealladh chucu.

Beireann a lán speiceas a gcuid uibheacha sa samhradh nó san fhómhar ach ní thagann dada astu go dtí an t-earrach dár gcionn. Is ionann na nimfeacha agus na feithidí fásta ach nach mbíonn sciatháin ar na nimfeacha. De réir a chéile a thagann na sciatháin chun cinn agus iad ag méadú le gach foladh. Is ionann gnáthóga do nimfeacha agus d'fheithidí fásta araon.

Dreoilíní Teaspaigh, Dorsáin agus Criogair a áirítear anseo. Is lotnaid corrcheann de na feithidí seo, e.g. an **Lócaiste** (1) nó **Bruch**. Déanann na **Criogair Thalmhóige** (2) poill in ithir bhog; tá siad coitianta ar Mhór-roinn na hEorpa. Faightear i ndeisceart Shasana freisin iad, áit a bhfuil siad gann. Is eachtrannach ón Afraic an **Criogar Cruiteach** (3) agus is i dtithe gloine a thagtar air. Tá dealramh ag an n**Griollán** (4) leis an Dreoilín Teaspaigh ach gur balbh a bhíonn sé.

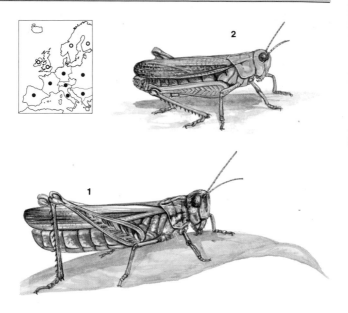

Bíonn na hadharcáin gearr tiubh agus iad níos lú ná leath an chloiginn agus an chliabhraigh le chéile. Dordán íseal a dhéanann na fireannaigh trí dhromchla garbh fhéimear na géige deiridh a chuimilt d'fhéitheacha crua ar an sciathán tosaigh. Bíonn tiompán cluaise ar an dá thaobh dá mbolg.

Is sa lá a bhíonn siad gníomhach. Dá theocht an ghrian is amhlaidh is glóraí na fireannaigh. Ar thalamh féaraigh agus i gcoillte measctha is coitianta iad mar a gcothaíonn siad iad féin ar phlandaí - ar fhéara go háirithe. Baineann a lán díobh feidhm as a ngéaga tréana deiridh chun léimní. Eitlíonn cuid eile acu.

Ál amháin a bhíonn ag formhór na nDreoilíní Teaspaigh. Beireann siad uibheacha sa samhradh agus fanann na huibheacha mar a bhíonn siad i gcaitheamh an gheimhridh. Is mar a chéile gnáthóga na nimfeach agus na bhfeithidí fásta. Bíonn dealramh ag na nimfeacha leis na cinn aibí ach gur ag forbairt a bhíonn na sciatháin in áit sciatháin iomlána a bheith orthu.

Bíonn cuid de na speicis aithnidiúla fairsing ar thaobh na mbóithre agus ar thalamh féaraigh. Orthu sin áirítear an **Dreoilín Teaspaigh Coiteann** (1) agus an **Dreoilín Teaspaigh Glas** (2). Is díobhálach na lotnaidí corrspeiceas, e.g. an **Lócaiste**, atá le fáil i ndeisceart na hEorpa. Is feithid aonaránach go hiondúil í sin ach tagann a lán díobh le chéile ina n-ollscaotha uaireanta. Fad 60 mm a bhíonn iontu sin scaití.

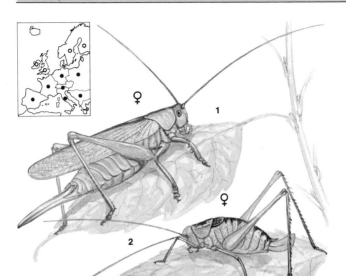

Fada caol a bhíonn na hadharcáin agus iad níos faide ná an cholainn go minic. Is nós leis na fireannaigh na sciatháin tosaigh a chuimilt dá chéile chun glór a dhéanamh. Bíonn preabán ar an sciathán deas a chuimlítear d'fhéith ar an sciathán clé. Is ar na cosa tosaigh a bhíonn na tiompáin chluaise. Ubhlonnaitheoir ar nós claímh a bhíonn ar an mbaineannach.

Sa chlapsholas agus istoíche a bhíonn a lán díobh ag cantaireacht. Bíonn a cheol féin ag gach speiceas. Ar thalamh fliuch féaraigh, i riasca, i bhfálta agus ar imeall coillte a thagtar ar na feithidí fásta. Plandaí agus feithidí eile a chaitheann siad.

Go luath sa samhradh a bhíonn na nimfeacha le feiceáil. Is mar a chéile na háiteanna a thaithíonn siad sin agus na feithidí aibí, cé gur fearr leis na nimfeacha fanacht gar don talamh nó i bhfásra tiubh. Is geall le feithidí fásta na nimfeacha ach gur lú iad agus gur ag forbairt a bhíonn a sciatháin de réir mar a chuireann siad na babhtaí folta díobh.

Dath glas a bhíonn ar a lán speiceas. Donn a bhíonn cuid eile díobh. Tá an **Dorsán Mór Glas** (1) ar cheann de na cineálacha is mó. I ngairdíní, ar thalamh curaíochta agus ar thaobh na mbóithre ar fud mhachairí na hEorpa agus dheisceart Shasana a fhaightear é. Bíonn sé i bhfolach i bhfásra, e.g. an **Dorsán Breac** (2). Bíonn an Dorsán Breac fairsing i ngairdíní agus i gcoillte.

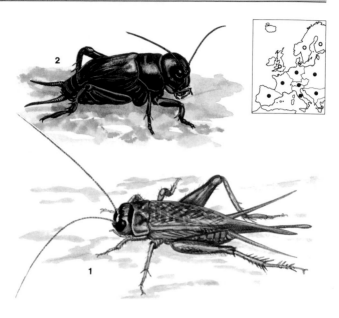

Dath donn nó dubh a bhíonn ar na feithidí leata seo. Bíonn a n-adharcáin chomh fada le leath na colainne uaireanta. Sonraítear ribí feiceálacha eireabaill ag bun an bhoilg. Cuimlíonn na fireannaigh na sciatháin tosaigh dá chéile chun ceol a dhéanamh. Bíonn ubhlonnaitheoirí fada sorcóireacha ar na baineannaigh.

Ar an talamh nó i dtolláin a bhíonn siad. Ní bhíonn eitilt ar bith ag a lán acu. Oícheanta samhraidh a bhíonn na fireannaigh ag cantaireacht. Gíoglach nó crónán ard a dhéanann siad. Plandaí, bianna stóráilte nó feithidí eile a chaitheann siad.

Fanann na nimfeacha mar a bhíonn siad i gcaitheamh an gheimhridh mar is as uibheacha a rugadh an samhradh roimhe sin a thagann siad. Ar an talamh nó i dtolláin a chónaíonn na nimfeacha sinsearacha. Tá dealramh acu leis na feithidí fásta agus is iad na rudaí céanna a itheann siad.

I seanfhoirgnimh agus ar chúlacha spruadair a thagtar ar **Phíobairí Gríosaí** (1). Sa samhradh a bhíonn siad thart. I bpáirceanna tirime, ar fhraoch agus ar ardáin ghrianmhara ar Mhór-roinn na hEorpa agus i gcorráit i ndeisceart Shasana a thagtar ar an g**Criogar Féir** (2). Bíonn an Criogar Crainn buídhonn coitianta ar chrainn agus ar thoir ar Mhór-roinn na hEorpa. Ní bhíonn sé le fáil in aon áit ar na hoileáin seo, áfach.

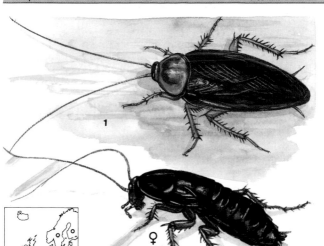

Feithidí leata ubhchruthacha ruadhonna iad seo. Bíonn an cloigeann i bhfolach faoin scaball. Bíonn na hadharcáin fada caol. Bíonn na sciatháin tosaigh tiubh agus nuair nach mbíonn an fheithid ag eitilt, clúdaíonn na sciatháin tosaigh na sciatháin deiridh scannánacha a bhíonn fillte ar a chéile. Ní bhíonn aon sciatháin ar roinnt de na speicis.

Scroblachóirí scafánta iad seo i dtithe, i mbialanna agus i stórais bhia. Téann siad i bhfolach sa lá agus tagann siad amach istoíche chun bia a chaitheamh. An méid nach n-itheann siad, milleann siad lena mboladh stálaithe é.

Iompraíonn an baineannach a cuid uibheacha léi; beireann sí sa deireadh iad i gcochall leathrach uibheacha istigh i scoilt dhorcha éigin. Is geall le feithidí fásta beaga na nimfeacha ach nach mbíonn aon sciatháin orthu. Má bhíonn nutaí sciathán ann, forbraíonn siad go leanúnach le gach foladh dá gcuireann an nimfeach de. Is mar a chéile nósanna na nimfeach agus na mblatóg aibí.

Bíonn an **Bhlatóg Mheiriceánach** (1) le fáil ar fud an domhain. Bíonn sciatháin mhóra uirthi agus bíonn eitilt aici. Is minic a thagtar uirthi i bhfoirgnimh theo. Bíonn an **Bhlatóg Oirthearach** (2) le fáil ar fud an domhain freisin. 'Ciaróg dhubh' a thugtar uirthi go minic. Dúrua an dath a bhíonn uirthi. Bíonn sciatháin na bhfireannach gearr ach ní bhíonn sciathán ar bith ar na baineannaigh. Bíonn sí coitianta i dtithe agus i gcistineacha.

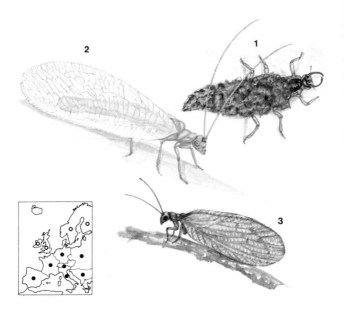

Bog glas nó donn a bhíonn colainn na bhfeithidí seo. Is cuid suntais an dá phéire sciathán scannánach a choinnítear go hiondúil mar a bheadh díon ar an gcolainn. Bíonn eangach féitheacha ar na sciatháin. Bíonn na hadharcáin fada. Ní bhíonn aon snáithíní eireabaill ar na Lásóga.

San oíche is mó a bhíonn siad gníomhach. Ar thalamh oscailte féaraigh, i ngairdíní agus i limistéir oscailte eile a fhaightear iad. Bíonn siad le fáil freisin i gcoillte, i bhfásra dlúth agus i dtithe. Aifidí, feithidí gainneacha, plúrmhíolta agus fineoga a chaitheann siad.

Ar dhuilleoga agus ar chraobhacha a bheireann na Lásóga Glasa a gcuid uibheacha, gach ubh díobh ar ghas fada. Bíonn na larbhaí (1) leata fada. Cuireann cuid díobh bruscar ina dtimpeall. Ní bhíonn gas faoi uibheacha na Lásóige Doinne ach is mar a chéile na larbhaí agus larbhaí na Lásóige Glaise. Feithidí a chaitheann na larbhaí uile fearacht na Lásóg aibí.

Is feithid mhór dhonn an Lásóg Ollmhór a mbíonn sciatháin bhallacha uirthi. 50 mm réise a sciathán uaireanta. Is in aice le sruitháin agus aibhneacha a thagtar uirthi. Is lú an **Lásóg Ghlas** (2); 12-25 mm réise a sciathán. Dath glas a bhíonn uirthi féin agus ar a sciathán. Órga a bhíonn a dhá súil. Is lú fós an **Lásóg Dhonn** (3); 5-12 mm réise a sciathán agus donn a bhíonn a sciatháin agus a dhá súil.

110

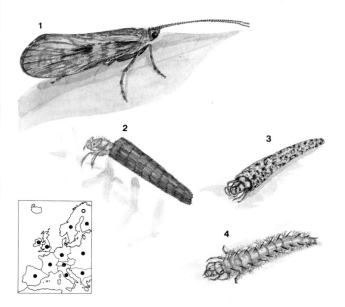

Feithidí fada sorcóireacha iad seo. Dath scothdhonn a bhíonn ar a gcolainn bhog agus ní bhíonn snáithíní eireabaill ar bith orthu. Dhá phéire de sciatháin mhóra ribeacha scannánacha a bhíonn ar an gCuil Chadáin, a choinníonn sí os cionn a colainne ar nós dín nuair is ag reastóireacht a bhíonn sí. Is beag crosfhéith a bhíonn sna sciatháin. Bíonn na hadharcáin chomh fada leis na sciatháin nó níos faide féin.

Eitleoirí lagmheasartha iad na feithidí fásta (1) agus eitilt fhánach a bhíonn fúthu. Sa chlapsholas is mó a bhíonn siad thart. Meallann soilse san oíche chucu iad. Folaíonn na feithidí seo iad féin i rith an lae i scailpeanna nó i bhfásra tiubh gar d'uisce. Is beag a itheann siad.

Cuma bolb a bhíonn ar na larbhaí (Stiomóga). Cloigne crua a bhíonn orthu agus gialla géara. Trí phéire cos a bhíonn fúthu ar a gcliabhrach agus dhá chrúca láidre ar chúl an bhoilg. In uisce a chónaíonn siad. I bhfeadáin déanta de phíosaí adhmaid, de ghaineamh, de ghráinní nó de smionagar sliogán a chónaíonn mórán díobh. Sníomhann cuid eile acu eangacha dóibh féin. Is ag snámh go saoráideach a bhíonn cuid eile fós.

Stiomóga a dhéanann cásanna, e.g. larbhaí a bhaineann leis an gCuil Chadáin Mhór Dhearg (2), is as smionagar plandúil a dhéanann siad iad. As gráinní gainimh a dhéanann na stiomóga a bhaineann leis an gCuil Chadáin Gheal (3) agus leis an nGealadharcach Donn a gcuid cásanna. I lochanna agus in aibhneacha a chónaíonn an dá chineál sin. I measc cloch i sruthanna méara a chónaíonn na larbhaí a bhaineann leis an nGaineamhchuil (4) agus Stiomóga saorshnámha mar iad.

111

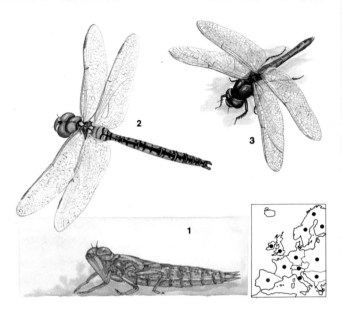

Bíonn colainn na bhfeithidí seo tiubh agus dhá phéire de sciatháin mhóra scannánacha orthu. Bíonn gréasán casta féitheacha agus crosfhéitheacha ar a sciatháin. Ag ligean a scíthe do na Snáthaidí Móra, coinníonn siad a sciatháin amach go cothrománach. Bíonn a gcloigeann mór agus is féidir leo é a chorraí go saoráideach. Súile móra a bhíonn iontu freisin agus bíonn an geolbhach géar greamannach.

Is creachadóirí na feithidí seo agus is ar eite a bheireann siad ar a gcreach, e.g. míoltóga, etc. Sa lá a bhíonn siad thart, os cionn uisce nó in aice leis go hiondúil.

In uisce lochán agus sruthán a chónaíonn na nimfeacha (1) a bhíonn mór. Feithidí eile uisce a itheann siad. Bíonn 'masc' orthu, i.e. liopa íochtarach mór soghluaiste. Is féidir leis an nimfeach a mhasc a shá amach go tobann chun breith ar chreach.

Tá dhá chineál Snáthaide Móire ann, na 'Seabhaic' agus na 'Ropairí'. Bíonn colainn na 'Seabhac' fada agus is iad na Snáthaidí Móra is toirtiúla iad. Is nós leo turais fhada a chur díobh agus is é an bealach céanna a dtéann siad i gcónaí. 'Seabhac' is ea an **Tarbh Nathrach** (2), a bhíonn ar Mhór-Roinn na hEorpa agus i ndeisceart na Breataine. Is giorra colainn na 'Ropairí,' e.g *Sympetrum striolatum* (3). Fanann siad ina suí ar phlanda agus ropann siad amach chun breith ar chreach.

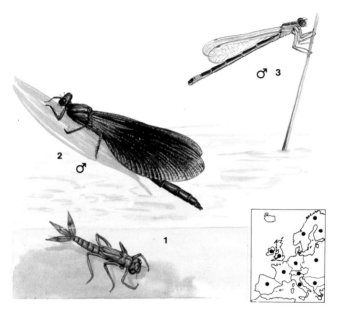

Tá gaol ag na Béchuileanna leis na Snáthaidí Móra, cé gur lú iad. Bíonn colainn na mBéchuileanna caol agus dhá phéire de sciathán scannánacha orthu. Bíonn gréasáin chasta féitheacha agus crosfhéitheacha ar na sciatháin. Nuair a bhíonn na Béchuileanna ag ligean a scíthe, is le chéile ar a ndroim a choinníonn siad a sciatháin. Dála na Snáthaide Móire bíonn a gcloigeann agus a dhá súil mór.

In aice le huisce a chónaíonn na Béchuileanna fásta. Caitheann siad formhór a gcuid ama ina suí ar fhásra. Réabann siad amach chun breith ar mhíoltóga agus ar fheithidí eile a bhíonn ag dul thar bráid. Is faoi sholas na gréine is mó a bhíonn siad ar eite. Eitilt éiginnte lag a bhíonn fúthu.

In uisce lochán agus sruthanna a chónaíonn na nimfeacha (1), dála nimfeacha na Snáthaide Móire. Is furasta an dá chineál nimfeach a aithint thar a chéile, áfach, toisc trí gheolbhach ar dhul pláta a bheith ar nimfeacha na mBéchuileanna ar chúl a mboilg. Is le masc a bheireann nimfeacha na mBéchuileanna ar a gcreach fearacht nimfeacha na Snáthaide Móire.

Is sampla maith an **Bhrídeog** (2) de Bhéchuil mhór leathansciathánach. Is fairsinge na Béchuileanna caolsciathánacha, áfach, a mbíonn gas ar bhun a gcuid sciathán. Orthu sin áirítear na Béchuileanna dearga is gorma, e.g. an **Bhéchuil Earrghorm** (3).

CUILEANNA CLOCH Plecoptera
34 speiceas atá le fáil ar na hoileáin seo
4-30 mm; 50 mm an réise sciathán is leithne

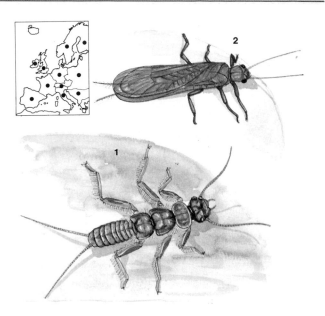

Is feithidí leathmhóra iad seo a mbíonn a gcolainn bog leata. Bíonn adharcáin fhada orthu. Is minic dhá shnáithín eireabaill ar chúl a mboilg. Is minic féitheacha ar an dá phéire de sciatháin mhóra scannánacha freisin. Nuair a bhíonn na feithidí seo ag ligean a scíthe, os cionn a mboilg a fhilleann siad a sciatháin.

In aice le huisce reatha is mó a bhíonn na Cuileanna Cloch le feiceáil, in aice le srutháin chailce agus sléibhe go háirithe. Ní bhíonn ach eitilt lag faoi na feithidí fásta agus is minic a thagtar orthu faoi chlocha, ar stoic chrann nó ag reastóireacht ar phlandaí nó ar thoir in aice le huisce.

Tá dealramh ag na nimfeacha (1) leis na feithidí aibí ach iad a bheith níos lú agus gan sciatháin a bheith orthu. Bíonn geolbhaigh ribeacha ar chliabhrach agus ar bholg chuid díobh. Is faoi chlocha agus faoi smionagar a chónaíonn siad. Uisce íon glan is fearr leo agus srutháin mheara aeráilte a thaithíonn siad. Bíonn dhá shnáithín fhada ar a n-eireaball.

Tá dhá speiceas ann a dtugtar **Mórchuil Chloch** (2) orthu araon. Gar d'aibhneacha clochacha a bhíonn an dá cheann. Is lú na Cuileanna Snáthaide go hiondúil agus filleann siadsan a sciatháin timpeall a gcolainne ag ligean a scíthe dóibh. Is eisceacht an Gríséad Feabhra sa mhéid gur srutháin is aibhneacha gláracha a thaithíonn sé agus gur ag deireadh an gheimhridh agus go luath san earrach a bhíonn sé thart.

114

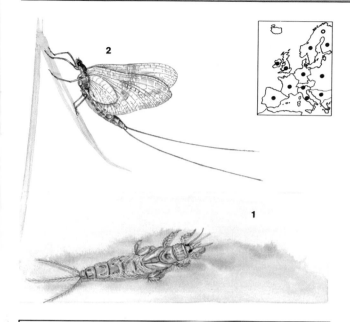

Bíonn colainn na bhfeithidí seo bog agus iad buí nó donn agus a dó nó a trí de shnáithíní fada boilg orthu. Dhá phéire sciathán a bhíonn ar a bhformhór agus coinnítear iad in airde agus an fheithid ag ligean a scíthe. Bíonn na sciatháin tosaigh mór agus cuma triantán orthu. Bíonn a lán féitheacha is crosfhéitheacha ar na sciatháin tosaigh. Bíonn na sciatháin chúil beag nó iad ar iarraidh ar fad.

In aice le huisce a bhíonn na Cuileanna Bealtaine le fáil. Is mar chuileanna neamhaibí a thagann na nimfeacha amach as an uisce. Cuireann siad foladh díobh laistigh de dhá lá agus is feithidí lánfhásta ansin iad. Ní mhaireann siad ach cúpla lá ar a mhéad. Eitilt lag a bhíonn fúthu. Cruinníonn na fireannaigh ina scaotha móra.

I lochanna agus in aibhneacha a chónaíonn na nimfeacha (1) sa láib ar an ngrinneall, faoi chlocha, i gcaonach nó i scoilteanna ar an mbruach. 25 mm an fad is mó a bhíonn iontu. Bíonn geolbhaigh ar a mbolg agus trí shnáithín fhada eireaball. Is sa samhradh a fhágann siad an t-uisce go ndéanann siad cuileanna fásta.

Fad 25 mm a shroicheann tolladóirí coitianta, e.g. an **Bardal Glas** (2). Is giorra ná sin formhór na speiceas agus gan ach 12 mm d'fhad iontu. Is in aice le haibhneacha támáilte nó llocháin a thagtar orthu mar is san uisce a chónaíonn na nimfeacha. Uisce mear a thaithíonn na Cuileanna Bealtaine Srutha mar is faoi chlocha in uisce reatha a tholaíonn a nimfeacha sin iad féin.

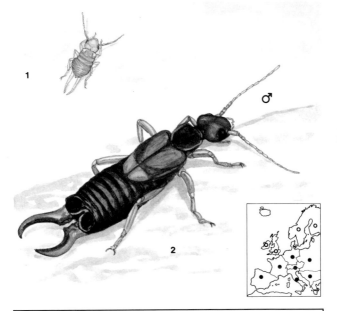

1

♂

2

Feithidí fada leata leathracha iad seo. Dath donn nó dubh a bhíonn orthu agus aithnítear ar an bpionsúr ag deireadh an bhoill iad. Timpeall leath fhad na colainne a bhíonn sna hadharcáin. Ní bhíonn sciatháin ar bith ar chuid acu. Sciatháin tosaigh ghearra chrua a bhíonn ar a bhformhór a chlúdaíonn na sciatháin deiridh scannánacha nuair a bhíonn siad fillte ar a chéile.

In áiteanna taise a chónaíonn siad, i scoilteanna, faoi choirt chrann nó in ithir. Bíonn siad i bhfolach sa lá mar is istoíche a thagann siad amach. Gach uile shaghas ruda a chaitheann siad. Is lotnaidí i ngairdíní bláthanna cuid díobh.

Bíonn dealramh ag na nimfeacha (1) leis na feithidí fásta ach is éadroime a ndath go minic agus is boige iad. Ní bhíonn sciatháin orthu ach nutaí a fhabhraíonn de réir mar a chuireann an nimfeach na céimeanna leanúnacha folta de. Ina ngrúpa gaolta faoi chúram a máithreacha a chónaíonn a lán díobh go mbíonn siad lánfhorbartha. Is mar a chéile na háiteanna a thaithíonn siad féin agus na feithidí fásta.

Is í an **Ghailseach Choiteann** (2) (an Gearr Gabhlán Coiteann nó an Chiaróg Lín Choiteann) an speiceas is coitianta san Eoraip agus is é an t-aon speiceas amháin é atá coitianta ar na hoileáin seo. Is minic gur lotnaid gharraí é. Tá dealramh ag na speicis eile leis ach is éagsúil a nósanna. Dreapann cuid acu go hard i gcrainn, déanann siad tolláin sa talamh nó cónaíonn siad i mbruacha sruthán nó cois farraige.

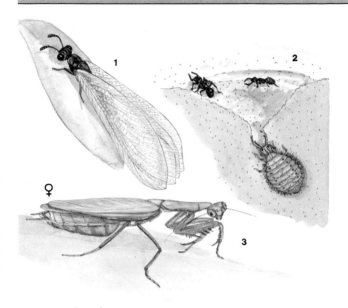

Moirbleoin

Tuairim 40 speiceas atá le fáil san
Eoraip cé nach bhfuil speiceas ar bith le
fáil ar na hoileáin seo. Feithidí móra iad
a mbíonn a gcolainn fada caol. Ceithre
sciathán thanaí faoi eangach féitheacha
a bhíonn orthu. 90 mm réise a sciathán
uaireanta. Bíonn na hadharcáin tiubh
agus bíonn meallta ar a mbarr. Istoíche
a bhíonn formhór na bhfeithidí fásta (1)
ar eite. Eitilt mhall fholuaineach a
bhíonn fúthu. Ligeann siad a scíth ar
phlandaí i rith an lae agus a sciatháin
mar a bheadh díon ar a gcolainn. In
ithir ghainmheach a chónaíonn an
larbha (2) agus é i bhfolach i mbun poill
go minic. Má thiteann feithid ar bith
isteach sa pholl, is amhlaidh a
bheireann an larbha uirthi lena
gheolbhach mór. Ceantair theo thirime
is rogha le moirbleoin. *Myrmeleon
formicarius* atá léirithe sa phictiúr
thuas. Ón tSualainn ó dheas is ea a
bhíonn sé sin le fáil.

Maintisí

Tuairim 18 speiceas a bhíonn le fáil san
Eoraip cé nach bhfuil ceann ar bith
díobh ar na hoileáin seo. Feithidí fada
iad seo, 75 mm ar fad uaireanta.
Leathrach sorcóireach a bhíonn a
gcolainn agus fada caol a n-adharcáin.
Dath donn nó glas a bhíonn orthu de
ghnáth. Clúdaíonn na sciatháin tosaigh
chrua na sciatháin deiridh scannánacha
nuair a bhíonn an mhaintis ag ligean a
scíthe. Bíonn na géaga tosaigh ollmhór
agus bíonn spící ar an gciumhais
inmheánach, rud a chuidíonn leo breith
ar chreach. Ar chrainn agus ar thoir a
bhíonn na Maintisí. Ina stad a bhíonn
siad agus iad ag faire ar chreach.
Meallann soilse roinnt díobh istoíche.
An **Mhaintis Chrábhaidh** (3) an
speiceas is coitianta.

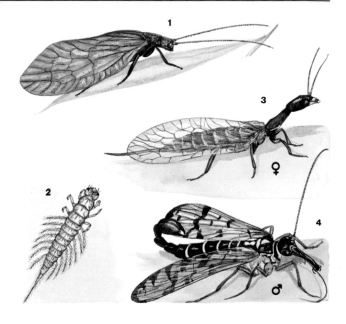

Cuileanna Fearnóige

Tá dhá speiceas díobh seo le fáil ar na hoileáin seo. Is feithidí leathmhóra iad, i.e. thart ar 25 mm ar fad. Donnliath a ndath go hiondúil agus bíonn a gcolainn bog. Dhá phéire sciathán tanaí faoi eangach féitheacha a bhíonn orthu. Bíonn na hadharcáin fada caol. Ní dhéanann na féitheacha gabhlóg ar imeall na sciathán. Ar eite a bhíonn na cuileanna fásta (**1**) sa lá nó ligeann siad a scíth ar phlandaí in aice le huisce. Eitilt lag éidreorach a bhíonn fúthu. In uisce támáilte nó seasta a chónaíonn na larbhaí (**2**). Trí phéire cos a bhíonn fúthu agus 7 bpéire de gheolbhaigh chlúmhacha ar a mbolg. Tagann siad amach ar an talamh le pupa a dhéanamh. San earrach nó go luath sa samhradh a thagann na cuileanna aibí as na pupaí.

Cuileanna Nathrach (3)

4 speiceas atá le fáil ar na hoileáin seo. Scothdhonn a bhíonn na feithidí seo agus bíonn a gcolainn bog. Dhá phéire sciathán faoi eangach féitheacha a bhíonn orthu. 30 mm ar leithead a bhíonn na sciatháin uaireanta. Bíonn a gcloigeann in airde ar mhuineál (prótóracs) fada. Is i gcoillte nó gar do shrutháin a thagtar ar na cuileanna seo.

Cuileanna Scairpe (4)

3 speiceas atá le fáil ar na hoileáin seo. Feithidí leathmhóra iad a mbíonn dhá phéire sciathán orthu. Bíonn eangach féitheacha ar gach sciathán agus spotaí donna. Idir 25 mm agus 30 mm réise a sciathán. Is corntha aníos ar nós chailg na scairpe a bhíonn bun boilg roinnt de na fireannaigh. I gcoillte a bhíonn siad le fáil. Is geall le boilb na larbhaí agus is san ithir nó i smionagar duilleog a chónaíonn siad.

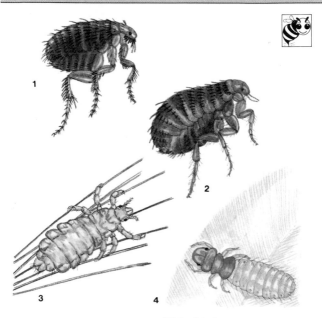

1

2

3   **4**

Dreancaidí

Thart ar 60 speiceas atá le fáil ar na hoileáin seo. Donn nó dubh an dath a bhíonn ar na feithidí seo agus iad leata ar an dá thaobh. Bíonn siad 5 mm ar fad agus ní bhíonn eitilt ar bith acu. Bíonn colainn a bhformhóir crua gaoisideach. Bíonn a gcosa deiridh fada agus léimeann siad leo. I neadacha éan agus i bprochóga mamach a chónaíonn na Dreancaidí. Ar na cineálacha éagsúla Dreancaidí atá ann áirítear an **Dreancaid Chait** (1) agus an **Dreancaid Duine** (2). Súnn na Dreancaidí fuil a n-óstach agus is cionsiocair a lán díobh le galar a scaipeadh, e.g. an tíofóideach agus an phlá. Miocsómatóis a scaipeann an Dreancaid Choinín. I mbruscar nó i ndeannach a bheirtear na huibheacha; ribí nó dramhaíl orgánach eile a chaitheann na larbhaí.

Míolta Súraic

Bíonn thart ar 25 speiceas díobh seo le fáil ar na hoileáin seo. Ní bhíonn aon eitilt ag na feithidí ubhchruthacha nó cruinne seo. Dath éadrom a bhíonn ar a gcolainn leata. Ní bhíonn siad thar 5 mm ar fad. Bíonn na cosa gearr agus lúbann siad isteach sa chaoi gur féidir leo breith ar ribí gruaige nó ar fhionnadh. Is seadánaigh iad ar mhamaigh agus is í a gcuid fola sin a chaitheann siad. Is ar chloigeann an duine a chónaíonn an **Treaghdán** (3).

Míolta Scríobacha

Bíonn thart ar 500 speiceas díobh seo le fáil ar na hoileáin seo. Fada nó ubhchruthach a bhíonn na feithidí seo agus is gan eitilt a bhíonn a bhformhór. Ní bhíonn siad thar 5 mm ar fad. Bíonn na cosa beag tiubh inghreama. Is scadánaigh ar mhamaigh agus ar éin iad; cleití, ribí, craiceann nó fuil a chaitheann siad. Is ar chearca a chónaíonn an **Crúbach Circe** (4).

119

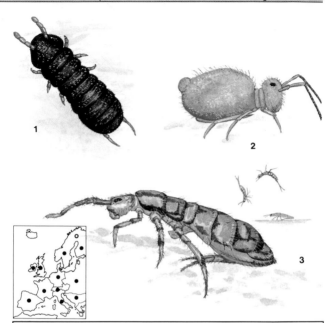

1

2

3

Feithidí bídeacha iad seo nach mbíonn eitilt ar bith acu. Bíonn a gcolainn bog agus í fada go minic. Dathanna éagsúla a bhíonn orthu. Geal nó liath a bhíonn a bhformhór ach bíonn dath buí nó donn ar chuid díobh. Bíonn feadán le feiceáil ag gobadh amach as an gcéad deighleog ar an mbolg. Bíonn 'eireaball' dhá bheangán lúbtha isteach faoi dheireadh an bhoilg.

Is féidir leis na Preabairí léim go hard san aer má scaoiltear teannas an 'eireaball'. Bíonn siad le fáil gach uile áit, i gcréafóg thais, i bhfásra lofa agus i smionagar duilliúir go háirithe. Is ar uisce a chónaíonn cuid díobh.

Is geall le preabairí fásta na nimfeacha ó thaobh cuma de. Is iad na háiteanna céanna a thaithíonn na nimfeacha agus na feithidí fásta.

Ar uisce lochán agus sruthán a chónaíonn na **Dointí Uisce** (1). I measc carraigeacha an chladaigh a chónaíonn na Dointí Cladaigh. I bplandaí a mhaireann a lán de na Preabairí Cruinne, e.g. an **Snasán Pise** (2). Is lotnaid ar phiseanna é sin uaireanta. Tá **Preabairí Caola** (3) ann freisin. I smionagar duilliúir, in adhmad lofa, faoi chlocha, etc. a chónaíonn siad. Is lotnaidí sa teach gloine cuid díobh.

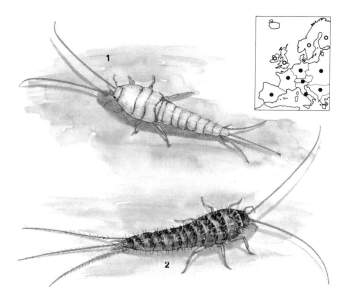

Bíonn na feithidí seo beag gainneach gan sciatháin agus iad leata ar feadh a gcolainne. Dath donn nó bánliath a bhíonn orthu. Bíonn trí shnáithín ar dheireadh a mboilg agus dhá adharcán fhada ar an gcloigeann. Bíonn na súile beag agus achar fada eatarthu.

I dtithe a thagtar orthu. Téann na feithidí i bhfolach go tapa má chuirtear isteach orthu. Bianna plúracha, ceangal leabhar agus gliú páipéir a chaitheann na Gilíní. Sprúilleach cistine a itheann na Teallairí Tine.

Bíonn dealramh ag na nimfeacha leis na feithidí fásta agus is mar a chéile a nósanna. Bíonn siad dhá bhliain ag fás.

Bíonn clúdach de ghainní bídeacha geala ar **Ghilíní** (1). I gcófraí, i seomraí folctha agus laistiar de leabhragáin a chónaíonn siad. Dath donn nó liath a bhíonn ar **Theallairí Tine** (2). Áiteanna teo a thaithíonn siad, e.g. in aice le coirí agus píobáin teasa. Tá gaol ag na Guaireacháin leo sin. In ithir, i spruadar duilliúir, in adhmad lofa, i bpluaiseanna nó cois cladaigh a chónaíonn na Guaireacháin.

INNÉACS

Aifidí	118	Oíche	76
		Olla	78
Bádóirí	97	Priompallán	73
Bardal Glas	115	*Pterostichus*	69
Beach	34, 42-45	Reilige	67
Bláthbheach	34, 45	Rúisceach	69
Bumbóg	44	Scaraba & Deánna	72, 73
Cearpantóir	34	Sheoide	89
Chuaiche	44	Spuaice	90
Chumhdaitheoireachta	43	Súlaigh	90
Mheala	45	Táilliúirí	86
Shaoirseachta	43	Thíograch	68
Thalmhóige	42	Thobac	76
Blatóga	109	Thoirtíseach	83
Béchuileanna	113	Thorthaí Tirime	90
Bóíní Dé	79	Tumadóir Mór	84
Brídeog	113	Ciocáidí	104
		Claig	55
Caocha Rua	74	Cloigín	73
Carrchuil Ghlas	59	Corrchuil	47, 52
Cearnamhán	72	Cornfhoiche	39
Ciaróg	66-90	Corrmhíol Coiteann	48
Ailseoga	90	Corrmhíol an Gheimhridh	47
Aoiligh	73	Corrmhíol Taibhse	48
Bhrioscaí	76	Corrmhíol Uisce	96
Bonnán Uisce	86	Criogar	105, 107, 108
Buail an Cnaganna	74	Cruiteach	105
Bhualtraí	88	Dorsáin	107
Ceardan Craorag	66	Talmhóige	105
Cheathairbhallach	71	Uisce	96
Choirte	77	Cruimh Chlúmhach	78
Cholorado	82	Cruimh Eireaballach	56
Clotóga	69	Cuil	47-65
Daoil Adharcacha	88	Allais	61
Daoil Bhreaca	89	Beach-chuileanna	63
Doirbeacha	84	Beacha Gabhair	56
Dhreancaide	83	Bhán	101
Dúdhaoil	67	Bhealtaine	115
Dhuille	82, 83	Bhuí	61
Fhadadharcach	80, 81	Bibín	62
Fándaoil	70	Bibín Mharcais	62
Fhoiche	81	Boiteoga	57
Fhuil Sróine	82	Carrchuil	59
Gailteana	71	Ceilpeadóirí	64
Gailtean Choiteann	71	Chadáin	111
Gealdoirbeacha	85	Cheannmhór	47
Gealdoirb Mhór	85	Chloch	114
Gránchiaróg Shábhfhiaclach	90	Chosfhada	64
Iarsmalainne	78	Chruithneachta	61
Íle	90	Cladóirí	64
Lardrúis	78	Creabhair Chapaill	55
Minphéist	67	Dhubh	102
Míolta Críona	76	Drónchuileanna	56
Moltáin	75	Eimpidí	62
Musc-chiaróga	81	Feola	47, 59

Fhearnóige	118	Uaisle	18
Fhiabhrais	62	Feithidí Gainneacha	100
Fhinéagair	65	Fleascóirí	97
Galáin	52	Foiche	34-40
Gálchuileanna	65	Cailcidí	37
Ghlas	102	Choille	34, 35
Ghorm	59	Choiteann	39
Giobáin Dhubha	51	Chriadóireachta	39
Heiseánach	50	Gaispeadáin	40
Leamhain	51	Gálfhoichí	36
Meacain Dheirg	47	Ghainimh	38
Mhileata	53	Ochlánach	38
Naoscaí	63	Pháipéir	39
Nathrach	118	Rúibíneach	40
Oinniúin	61	Shaoirseachta	39
Péarsla	57	Shóisialta	39
Scairpe	118	Thochailte	38
Sheadánach	58	Fríd	91-99
Sionnacháin	89	Ainnireacha	98
Shoilire	65	Aithidíní	98
Sladchuil	54	Bógais Eorpacha	94
Snáthaide	114	Caipsidí	93
Spáinneach	90	Carrán Bruscair	95
Stábla	61	Carrán Coiteann	95
Tí	60, 61	Faire	92
Torthaí Mheánmhuirí	65	Giollaí Dearga	91
Trichogramma	37	Lása	99
		Léime	91
Deánna	72	Loirgneach	91
Deargadaol	70	Mhaide	99
Diúlaí Ull	100	Míol Feá	92
Dreancaidí	119	Míol Leapa	95
Dreoilíní Teaspaigh	105, 106	Phlúrach	100
Durdalán	72	Scéithe	92
		Smáil	92
Féileacán	14-21	Talún	94
Áilleáin	18, 19	Toirtíse	92
Aimiréal Dearg	18		
Bánóga	16	Gailseach	116
Barr Buí	16	Gaineamhchuil	111
Buíóga	16	Gál	36, 50
Buíóga Crócha	16	Darach	36
Buíóga Ruibheacha	16	Pioncás Spideoige	36
Camóga	18	Gearraíonna	109
Copróga	17	Gilín	121
Donnáin	14	Gobachán	87
Donnóga	20	Goibneacha	61
Fáinneoga	20	Griollán	105
Feistiúin	15	Gríséad Feabhra	114
Fraochán Beag	20	Guaireacháin	121
Fritileáin	19		
Glasáin	20	Icneoman	41
Gabhlóga	15		
Gormáin	17	Lampróga	89
Gríosfhionnach Geal	14, 20	Lásóga	110
Impirí	18	Leamhan	14, 22-33
Nimfilídí	18	Áilleagán	27
Parnásaigh	15	Beachleamhan	31
Péacóga	18	Bolgach	29
Ruáin	18, 19	Breacóg	27
Stiallaigh	17	Brocóg	26
Stiallaigh Uaine	14	Buirnéad	31

Cairpéid Choiteanna	27
Cleiteach	33
Clúmhach	30
Conach Eilifinteach	28
Conach Foluana	28
Croí is Dairt	25
Dealán Dé	27
Deatúil	30
Éadaigh Coiteann	33
Eirmíní Buí	23
Fadadharcach	33
Flanndearg	23
Fo-eite Bhuí	24
Gabhair	31
Geimhridh	27
Geoiméadair	26, 27
Impirí	18, 29
Giofógach	30
Libhré	14, 23
Libhré Crainn	29
Mearleamhain	31
Miodóga	25
Mionbhreacóga	32
Nochtuai	24, 25
Piorálaigh	32
Plúrleamhain	32
Puisíneach	22
Rinnchaim	30
Rinnbhuíonna	22
Scáth Uilleach	24
Scuainleamhain Phéine	22
Séisídí	31
Siringeach	27
Smaragaid Mhór	26
Socleamhain	32
Spionáiste	27
Starraicíní	22
Tíograch Garraí	23
Tortrach	32

Tortrach Uaine	32
Tortrach Úll	32
Uathghraf Pléineáilte	25
Ubhóga Darach	29
Vuinsciúnna	25
Lingirí Duille	100, 104
Lócaiste	105, 106
Maintis	117
Chrábhaidh	117
Meagán	66
Minphéist	67
Míol Cnis	119
Míol Pónaire	102
Míol Seile	103
Míoltóg	49
Corrmhíol Taibhse	48
Cuil Leamhain	51
Gálmhíoltóg	50
Ghéar	49, 50
Moirbleon	117
Muiscítí	48
Preabairí	120
Sábhchuil	34, 35
Scairp Uisce	91
Scinnire Locháin	96
Sciodamán	37
Seangán	34, 46
Díbheach Shiodúil	34
Seile Chuaiche	103
Snáthaid Mhór	112
Során	74
Súiteoir Fola	75
Sympetrum Striolatum	112
Teallaire Tine	121
Tiopal	96